RAPE TO ETHER

Ai piedi del mio chenn

Prefazione

"Perché il nostro spirito è il nostro alleato per combattere o per accogliere questo o quel ricordo, tanto doloroso quanto felice, qual è l'interesse del nostro spirito nell'infliggere la tortura se c'è. Quali sono le ragioni? Dettaglio improvviso, evento scatenante ... quali sono le sue conseguenze? Continuare a vivere, rivivere, sopravvivere ... siamo tutti tentati durante la nostra vita di proiettarci nel passato per permetterci di proiettarci nel futuro. sconvolge, ribalta questo bambino che attraversa il i mali, i dolori, la durezza degli eventi; la sua sottomissione alla propria vita, nel tempo la sua sofferenza cancellata che aveva sepolto a lungo le permette di offrirsi una seconda possibilità, una seconda vita da costruire, questa è la nostra priorità, da ricordare per avanzare meglio nel proprio percorso di vita, anche se ..."

"Prefazione di Frédérique Huret"

"Nessun uomo può rivelarti nulla tranne ciò che giace già mezzo addormentato all'alba della tua conoscenza ...
Khalil Gibran"

AVVERTIMENTO

Qualsiasi somiglianza con personaggi esistenti o esistiti sarebbe puramente casuale.
Tutti gli esempi citati in questo libro sono reali. Tuttavia, per motivi di anonimato, le persone vengono identificate solo con nomi che sono stati a loro volta modificati.

Il mio nome è Bénédicte, questo è il primo nome che mi è stato dato in questa vita qui, tutto è iniziato Ricordo il giorno in cui ho compiuto sette anni, sì, ricordo quel momento. Ero lì davanti a questo grande "frigorifero" bianco, molto più in alto di me, sentivo voci, gente che urlava in un frastuono assordante che litigava per una somma di denaro.

Ultimi richiami prima del sequestro, ecco cosa c'era scritto in grassetto sui documenti, posto lì sul grande "frigo" bianco, proprio di fronte a me, promemoria di banconote frantumate e cadute sul terreno freddo.

Ricordo quelle parole, quelle parole urlanti e urlanti che zampillavano da adulti arrabbiati, le mie orecchie sentivano solo quello, l'eco sconvolgente del loro comportamento echeggiava per ore nelle mie orecchie che registravano questi ringhi, come animali minacciosi, che si scontrano in un duro combattimento.

Ognuno ha avanzato argomenti per discutere l'evento e, a turno, l'uomo e la donna hanno così recitato davanti a me questa commedia, che si è rapidamente trasformata in una vera tragedia, una tragedia che è stata testimoniata dai miei occhi sbalorditi di un bambino di sette anni . anni, come se non avessi mai visto niente di così triste prima, questa vista patetica e straziante, drammaticamente provante del dolore che i bambini indifesi subiscono quando assistono alla disperazione causata dal denaro.

Ecco come senza soldi, braccia che cadono lungo il mio corpo emaciato, guance rosee per il freddo del luogo, ho scoperto come distrutto il futuro che sarebbe stata la mia vita. Questo ambiente deprimente che anche i miei capelli unti in nodi non avrebbero potuto immaginare più disastroso, lo shock di confrontarmi con queste persone.

Come per la prima volta, ho scoperto, davanti a me, questo lugubre alloggio in cui ho dovuto vivere per anni accanto a queste persone, che dovevano essere chiamate "genitori".

Proprio come quella povera dispensa, il cuore

della nostra casa, la mia era altrettanto legata. Il suono del mio stomaco non mi mentiva, l'atmosfera urlante di questo vuoto riecheggiava ovunque in questo posto. Muri freddi, un pavimento di terra battuta cosparso di pochi ciottoli lavati qua e là, come me se ne stavano lì seduti senza sapere perché.

Il mio sguardo si perdeva, guardavo i miei piedi bloccati nelle scarpe con i buchi che cercavano anche loro di scappare. Al culmine dei miei sette anni, ho potuto percepire un barlume di speranza diretto verso il soffitto grazie a un raggio di sole che ha trafitto il soggiorno da un buco nel tetto che le assi non coprivano.

Le molteplici tempeste avrebbero potuto abbattere questa capanna che è crollata su se stessa. Esausto per le prove degli anni, potevo quasi sentirla piangere per la sua situazione in risposta al vento sibilante che le trafiggeva le spine.

Nelle sue fondamenta vuote la sofferenza dei suoi occupanti si esprimeva in una terrificante cacofonia, la spaventosa angoscia di tali condizioni di vita.

Quel giorno quest'uomo che di fronte a me, ululò di paura pronunciando il nome dell'usciere che presto avrebbe raggiunto la sua integrità, quest'uomo sarebbe stato ovviamente chiamato "mio padre" perché è con queste parole che ho dovuto farlo chiamalo, del resto non avevo scelta, come chiamarlo altrimenti, è un appellativo come il riconoscimento all'altro, l'appartenenza al clan, l'identità, la mia apparentemente.

Così mio padre, preso una rabbia senza precedenti in risposta all'affronto di mia madre, che pensava di stare bene, come ogni brava madre che vorrebbe il meglio per i suoi figli, ha avuto il coraggio di chiedergli di lavorare per completare il mancanza di denaro.

Stava lì, le sue gambe erano interminabili, quasi all'altezza di questo "frigorifero" bianco, il suo petto si gonfiava davanti a me, come un enorme pallone pronto a scoppiare e incapace di trattenere più a lungo la sua strada, la pressione nel suo bruciore guance che lo trasformavano in una sorta di enorme pomodoro gigante, la paura di quel viso angosciante si addolciva negli occhi annebbiati della mia piccola madre.

Come poteva questa donnina immaginare che la sua riflessione basata sulla passione e l'emozione avrebbe avuto gravi conseguenze lontane da tutte le sue speranze e lungi dal placare la situazione, l'evoluzione della scena tragica ha preso un'altra svolta.

La pressione era così forte per mia madre, che abbiamo potuto assistere nel corso dei secondi a un collasso di queste piccole ossa di fronte all'attaccante, ciascuna delle sue vertebre inarcate come se tutto il suo essere stesse andando in anticipo dopo ogni intonazione.Preparati per il confronto.

La risposta fu inaspettata da parte di un individuo che colse alla sprovvista la sua incapacità di provvedere alla propria casa, si mise in uno stato che anche le povere pietre del selciato raffreddate dal poco calore del luogo, riuscirono a riscaldarsi sotto i piedi della mia inquieta genitori.

Mio padre alzò la spalla disperato, e con un gesto ordinato cominciò ad allargare il lungo braccio come una spada, deciso a risolvere la questione per vendicare il suo disprezzato onore.

Fu con un colpo di indescrivibile brutalità, senza lasciare la minima possibilità che il respiro gli passasse attraverso la mano con le dita screpolate, che mio padre colpì con precisione senza alcuna emozione, rovescio devastante per questo prepotente aggressore.

La mia povera piccola madre, senza fiato, girò la testa verso di me con la bocca aperta. La sua pelle, deformata dalla brutalità dell'impatto, assorbì lo schiaffo che aveva scattato.

Aveva tutto il viso traumatizzato, il sangue si agitava come in preda al panico sotto la pelle sottile assalita da un simile colpo, anche la minuscola punta del naso, che di solito era ancora congelata, non faceva più la differenza tra le guance violacee e gli occhi umidi.

La sua pelle, pesante e gonfia per le lacrime che scorrevano senza sosta, rifletteva l'impotenza di questa giovane madre ad affrontare tali eventi in presenza dei suoi figli di fronte a questo marito violento e minaccioso.

Tuttavia, gli sposi sono stati felici di progettare progetti ambiziosi, una casa, i bambini, loro che fino ad ora non avevano ricevuto l'amore dei loro genitori, avevano conosciuto la mancanza e la sofferenza anche a mille miglia dal riprodurre i loro traumi si sono resi conto che i loro desideri non sarebbero quelli.

Rotti, gli occhiali che amava tanto, quelli che aveva potuto comprare grazie a piccole famiglie con persone, questi famosi occhiali per i quali aveva risparmiato per anni, non potendo chiedere ai suoi modesti genitori di comprarla, quegli occhiali quel giorno frantumato per frantumarsi su questo terreno freddo.

Proprio come i suoi denti, di cui non curava, per mancanza di soldi, le cure mediche erano troppo care in quegli anni, nel 1970 per molte famiglie, non esistevano mutue, né risparmi da contribuire alla sua salute.

Molte famiglie e case furono private di tutti questi privilegi ma fortunatamente il cerotto adesivo esisteva già e si poteva trovare in abbondanza nell'armadietto dei medicinali che era ben riempito.
Fu da quel momento che le montature degli occhiali di mia madre mostrarono con orgoglio la cicatrice di questo incidente come illustrazione del loro strappo.

Portava pezzi di nastro adesivo sugli occhiali, su ogni lato della montatura, la ferita era lì come a ricordare evidentemente il declino dell'illusione.

Ho guardato ciascuno dei miei genitori, come

congelato nel momento presente, senza nemmeno piangere, stordito, come insensibile, ho poi capito in quel preciso momento che non stavo più dormendo ed era un bene in questa famiglia lì che stavo per crescere senza alcuna convinzione lontano dal provare alcuna emozione.

Molti studi sul cervello e le emozioni potrebbero spiegare tale abnegazione, la costruzione delle emozioni è fatta dall'apprendimento del suo ambiente e dallo studio dei comportamenti che costruiscono l'individuo per tutta la sua vita.

La nebbia che in quel momento mi invade la mente martella incessantemente nella mia testa, come uno schermo che blocca la fine del film eppure i riflessi della mia vita prima dei sette anni sono assenti, inesistenti.

Sembra che questo accada spesso, il cervello è ipnotizzato dalle onde alfa, questo è il periodo di apprendimento in cui costruiamo le basi della nostra evoluzione. Il bambino osserva, impara, registra ripetendo gli schemi instillati in lui dai suoi genitori.

Lo sviluppo di una personalità che poi si approprerà e svilupperà per tutta la sua vita adulta rimane la sostanza fertile di una ricca educazione, ma resta da dimostrare la deduzione che una vita soddisfatta è principalmente la conseguenza di un apprendimento perfettamente padroneggiato in un ambiente preservato da ogni complessità.

Ben oltre le finzioni o l'immaginazione, non avevo ancora risposte a queste domande. Un'altra rivelazione doveva essere al centro delle mie pre-occupazioni, un segreto che molti anni dopo dissipò la nebbia che emanava dalla mia mente di notte.

Senza fare rumore, questa nebbia fitta e opprimente più che una sensazione pesante, pesante e soffocante, il ricordo di un evento significativo prima che avessi sette anni è arrivato, a piccoli pezzi, sepolto nelle profondità del mio subconscio ricordandomi all'improvviso.

Questi bagliori, queste immagini che si nascondono nelle nostre menti e che sepolte per anni, ci impediscono di evolverci serenamente, sono la causa dei nostri blocchi, dei nostri errori, delle nostre assenze, delle nostre scelte di vita, tristi e senza piacere, senza invidia, errante senza meta.
Sbloccando i nodi che ostacolano l'accesso alle nostre libertà, al nostro diritto alla felicità, alla nostra stessa esistenza qui, è importante essere in

grado di identificare tutte le nostre ombre per reclamarle e poi lavorarci per liberare i nostri schemi di pensiero. Ma pensi davvero che ne fossi consapevole quando avevo sette anni?

Quando ho capito che avrei dovuto crescere e sostenere un padre alto come il dio "Thor" con la corporatura di un vichingo e mani gigantesche, un padre tirannico e violento che perseguitava una giovane donna che era quasi minuscola., va detto senza avere i geni, e che mi è apparsa molto fragile e resistente di fronte al suo aggressore.

Quello che avevo come lezione di vita da imparare sulle relazioni tra gli esseri, lo spettacolo era già, mi sembra, agghiacciante. Un episodio della vita in cui, lungi dall'esserne uscito cresciuto, ho preso possesso di questo corpo minuscolo, fatto di carne e ossa, mi sono reso conto all'improvviso di essere vivo.

Appena uscito dalla terra, come un lombrico, quasi senza idee, questa è la visione che ne ho, vuoto di emozioni, sensazioni, senza affetti, sai come se stessimo scavando un cadavere che stava tornando in vita. e chi come una mummia dormiva da decenni.

Questa consapevolezza del famoso "Io sono" era

il primo ricordo della mia coscienza di vita, come un'inevitabilità di dover vivere ora la realtà che non avevo scelto, questa realtà che doveva diventare la mia vita.

Un viaggio in questa dimensione dello spazio che qui chiamerò il mio "percorso di vita" Avevo sette anni e ancora non avevo idea di cosa fosse successo prima.

Oggi dal "massimo" dei miei 50 anni, perché invecchiando diventi "alto", sicuramente guadagniamo altezza, più candore.
Diverse prove e avventure nel mio viaggio di vita, ho intrapreso questa storia ma questa volta scelgo di ripercorrere le mie tragedie e le mie esperienze di vita.

Là nel profondo del mio essere, ben nascosti e sepolti, sono riaffiorati, quelli che hanno bloccato la mia memoria e l'avevano addormentato, so chi sono e cosa ho sofferto, all'età di 4 anni il mio corpo era ammaccato.

In certi momenti della nostra vita, abbiamo, sai, queste famose sensazioni di già vissute o già viste, di aver già provato queste o quelle emozioni, ma lì tutto ad un tratto, tutto era diverso, avevo finalmente preso consapevolezza e capito , fin dall'inizio tutto non era stato detto, la mia mente è stata per anni la mia migliore amica, sopportando la persona insopportabile meglio di quanto la mente possa giudicare la nostra capacità di oblio.

Adozione, forse i miei ricordi non esistevano fino all'età di 7 anni perché sono stata adottata e ho bloccato i miei veri genitori. Infine, non sarebbe la notizia migliore, avere altri genitori, piuttosto che questa strana coppia, mi sentivo come un estraneo in questo ambiente.

Con tutte queste energie negative e le onde cattive che hanno punteggiato la mia vita quotidiana, questa ipotesi di adozione è stata, lo ammetto, molto attraente ed esilarante, e ovviamente molto più eccitante della mia triste e meno interessante realtà.

Un'amnesia dovuta a uno shock traumatico era senza dubbio più probabile, anche se molte persone non hanno molti ricordi della loro prima infanzia, credo che a volte ci siano pochi momenti qua e là, flash prima dei nostri giorni. Sette anni.

Allora da dove viene la mia amnesia? Sarebbe piuttosto un colpo alla testa che spiegherebbe forse un po 'o parte della mia fuga dalla vita, la mia amnesia e quei ripetuti mal di testa e incessanti martellamenti, come un'eco di urla, echeggiati a distanza da questi bagliori? la distanza nella nebbia della mia mente.

Intempestivi e regolari, come un faro nella mia notte, questi odori di morti e questi mal di testa perseguitavano la mia mente, il mistero si infittisce o meglio a volte intravvedo qua e là che cerca di guidarmi nella mia notte. La mia testa, più solida di quanto sembrasse, aveva già le cicatrici delle ripetute prove che aveva sopportato. È vero che il mio mitico "tête-à-tête" con il martello non è quello che considererei uno dei miei incontri più piacevoli se non memorabili.

Mio padre era solito lasciare i suoi strumenti in evidenza quando armeggiava fuori, incustodito, lungi dall'immaginare che le bambine avrebbero pensato di suonare con tali strumenti in un momento in cui solo il maschio maneggiava le sue macchine, e beh, stava sottovalutando i progetti che erano per derivarne.

La mia sorellastra Danielle, di 2 anni più grande di me, dalla quale avrei appreso questa "metà" relazione decenni dopo, aveva iniziato a svolgere alcuni esperimenti scientifici sulla mia piccola persona, dalla testa ai piedi, che hanno permesso di confermare, che il mio corpo aveva sviluppato un grado di resistenza al dolore molto fuori dal comune.

Anche questo corpicino che sosteneva i suoi abusi era incline ai vizi. Una certa dipendenza dall'alcool per le sue virtù medicinali e vertiginose mi ha permesso di resistere ai colpi di martello sulla mia pelle. Mi ha distrutto il cranio dal suono dello strumento e il vortice della mente si è perso nell'oblio.

Un giorno in cui stavo preparando una torta di terra immaginaria per mia madre, uno di quei giorni di primavera in cui, grazie alla brezza del vento, si sente il profumo dei narcisi dei campi, riempiti dagli spruzzi del mattino.

Il sole lentamente prese il suo tempo e salì al suo apice, il momento fuori dal tempo era divino e piacevole quando all'improvviso, i miei occhi si posarono sul terreno della mia torta finta, la mia testa aveva appena ricevuto un violento colpo di martello.

Con una forza brutale, quasi bestiale, Danielle mi ha colpito tre volte, il primo colpo mi ha fatto urlare con un grido di squarciare il cielo, il dolore era così forte che i miei pensieri si erano disintegrati in un istante, il secondo colpo più violento, mi ha immobilizzato senza parole, rimasi lì a fissare la torta senza vita come se solo lui capisse i miei sentimenti.

Stavo per morire come lui, non avevo quasi più cuore, il mio respiro stava diminuendo, il mio respiro rallentava e sentivo che ciascuno dei miei arti si era intorpidito senza rendermi conto di quello che stava succedendo.

Stordito, senza avere il tempo di scappare, il terzo colpo sferrato da Danielle mi fece cadere. Rigida, la faccia nel mio impasto per dolci, la mia piccola torta immaginaria ha assunto l'aspetto di un coulis, il colore della colorazione del mio stesso sangue rendendolo più appetitoso, questo giorno è stato il primo di una lunga serie di svenimenti.

Un buco nella parte superiore della sua testa, il suo viso sbiancato, Danielle capì quando mi vide senza vita che sarebbe stata sicuramente punita.

Fu correndo, in preda al panico per la paura delle rappresaglie che nostro padre le avrebbe inflitto, che decise di cercare mia madre. Con la testa nel fango, il sangue che scorreva, la mamma è arrivata in silenzio, pensando che fosse una discussione da bambini.

È stato barcollando che è crollata improvvisamente per scoprirmi inanimato, in preda al panico ha portato il mio corpo tra le braccia, la mia testa ondeggiante, perdendo le goccioline di sangue sui narcisi schiacciati dagli zoccoli di mia madre.

Corse attraverso il campo, gridando aiuto alla vicina che lavorava a maglia nella sua cucina, sempre ben attrezzata con aghi e bende, aveva nell'armadietto dei medicinali tutta la panoplia per prepararsi alla sopravvivenza.

L'odore terribile e forte di Calva mi ha svegliato, sotto le narici ho sentito questa miscela di alcol e benzina così bizzarra che mi ha portato fuori di me e mi ha invitato a unirmi alla luce della vita. La mia testa circondata da un enorme turbante mi abbracciò così tanto che tra la stretta della mia pelle e il dolore, le mie lacrime durarono per ore. La vicina ha esortato il riposo e le bende, e ha insistito che smettessi di fare le faccende, sapendo a metà la verità, Danielle aveva spiegato che stava giocando con me, ma infastidita e furiosa che mi rifiutassi di condividere la mia torta, mi ha colpito con rabbia con il martello colpi.

Danielle mi ha colpito senza motivo, l'unica motivazione era la sperimentazione, le sue intenzioni erano cattive, avrei poi capito la sua implacabilità che, più profonda dei buchi dei martelli, aveva privato Danielle di ogni compassione.

Per permettere che le bende si togliessero facilmente dalla mia testa, il vicino ha restituito a mia madre dell'etere, questo anestetico, questo famoso tovagliolo imbevuto di etere che applicato sulla pelle ha anestetizzato il corpo, ha sostituito le altre bottiglie vuote che erano già presenti nel nostro armadietto dei medicinali con alcol a 70°.

Mia madre ha vegliato su di me nei giorni successivi e il mio corpo sempre più valoroso si è ripreso velocemente, ho così accumulato durante i primi anni di vita, alcune esperienze memorabili che regolarmente hanno portato noi, Danielle ed io a verificare questa dipendenza dall'alcol.

Non so quale delle due azioni sia stata compiuta per prima, andare simultaneamente e con urgenza all'armadietto dei medicinali a cercare i 70 ° di alcol che spesso era fuori o per trovare il conforto del quadratino di zucchero imbevuto di Calvados che riscaldava ossatura.

Ah, quel piccolo "cannone" che ci ha fatto perdere la testa, stavamo correndo attraverso il campo per ottenere il suo sostegno. Danielle ha trovato molto conforto lì, come una soddisfazione.

Questo piccolo pezzo di zucchero imbevuto di Calvados fatto in casa, preparato con ardore dal vecchio vicino dei miei genitori, senza il quale, molto spesso, non avrei potuto superare questi violenti attacchi.

Barcollando come se stessi camminando sulle sabbie mobili, mia madre mi ha visto tornare a casa completamente ubriaco, sorretto da Danielle, ho lottato per non addormentarmi a causa degli effetti della fattoria del Calvados e ho dimenticato la tortura di Danielle e altre ustioni in un potente russare.

corpo infantile.

Mi chiedo se ci pensiamo di nuovo se non stessimo assistendo a una precoce dipendenza dall'alcol che potrebbe verificarsi solo dopo avermi colpito. Come un "serial killer" metodico e organizzato, ha pianificato le sue azioni con una strategia definita.

Ogni violenza che Danielle amava infliggermi seguiva scrupolosamente lo stesso rito e sistematicamente, come a sottolineare i loro successi, organizzati e depravati, gettava le basi di un ben consolidato meccanismo di abuso.

I miei genitori erano ben lontani dal sospettare che stavo subendo ripetuti attacchi da parte della mia "sorellastra", questa bambina che era la maggiore e che per definizione secondo la tradizione dovrebbe piuttosto proteggermi, è quello che pensa la gente della sorellanza imposta dai fratelli, ma invece le piaceva infliggermi punizioni, mutilazioni simbolo del suo perpetuo dominio.

Lamentarsi non era un'opzione a casa e ne ero preoccupato.
La manipolazione era una delle sue armi preferite, l'ho capito molto più tardi, e con mia grande disperazione con una madre indebolita dalla sua salute

e dal suo sentimento di inferiorità, in questo ambiente dominato da questo padre tirannico.

Danielle aveva trovato un modo per attivare ciò che è vulnerabile in molti cuori umani, la compassione, questo sentimento terribile e potente che mi ha impedito di denunciarla quando mi supplicava piena di rimorso per aver violato il mio corpo.

La frase che mio padre gli avrebbe riservato non era immaginabile, sicuramente sculacciate monumentali per aver irritato le natiche. Introverso, ho incoraggiato un clima di sottomissione, senza rendermi conto che la violenza sarebbe cessata, ho finito per lasciarmi guidare da sentimenti di autoflagellazione.

Molto presto, la vittimizzazione è arrivata a casa e mi sono incolpato di alcuni errori per risparmiare a Danielle punizioni memorabili.

Il mio alcolismo era l'illustrazione perfetta che un declino nelle mie azioni stava causando i miei lividi.

Danielle, una bambina tormentata, violenza continua, anche nei giochi dei bambini c'è sempre stato in lei questo bisogno di dominare, senza dubbio sarebbe stato ovvio attribuire un simile comportamento a un individuo con il pretesto che l'esempio dei suoi genitori gli dà naturalmente la vocazione a riprodurre lo stesso comportamento violento.

Solo che per Danielle era come una missione di cui era pienamente soddisfatta, magari rimettendomi in questo buco, proprio come questo verme non vedermi più e non essere alla luce.

I miei abusi e le sue ossessioni svanirono gradualmente finché non dovette decidere di condividere, anche il suo tempo, con un altro bambino.

Infatti ce lo aspettavamo molti anni prima ed è al momento giusto come un regalo dal cielo, appena prima delle vacanze di Natale che è avvenuto il miracolo, Clémentine è nata sette anni dopo Danielle e come un arcobaleno, stava per portare la magia a la mia vita dopo la pioggia.

La campagna bianca punteggiata da forti gelate in inverno in Normandia dove la notte scende poco dopo mezzogiorno, ha lasciato il posto alla fanticheria e alla noia per poi affrontare l'asprezza della stagione, Clémentine era come un raggio di sole che illuminava la nostra casa con i suoi piccoli cinguettii, come il piacevole piccolo rumore che fanno gli uccelli quando cantano.

Per sfuggire all'isolamento della nostra condizione, dovevamo essere coraggiosi e dimenticare il carpooling, che non esisteva, a differenza dell'energia dei nostri passi, che c'era.

I miei genitori senza mezzi di trasporto non avevano altra soluzione che andare a piedi al supermercato.

È in un contesto molto particolare che nostra madre ci ha annunciato l'arrivo di Clémentine durante una delle sue famose spedizioni dove non avrebbe mai dovuto prendere la decisione di andare al villaggio con un tempo così freddo che anche i piccoli non sarebbero andati a lavorare . A volte, quando tuo figlio ha molta fame, vai comunque.

Che sia ghiacciato o ripido, al mattino presto o tardi, che la tua bici abbia una gomma a terra o che tu abbia dieci chilometri da percorrere, affronterai tutti i pericoli e gli ostacoli davanti a te. nutrire il tuo bambino.

Faceva così freddo quella mattina che sembrava che una pista di pattinaggio avesse sostituito tutti i campi di grano con laghi ghiacciati.

Mio padre al volante del suo vecchio ciclomotore ha avuto tutta la fatica di mettere in moto la sua macchina arrugginita, le labbra screpolate, ha pedalato dolorosamente, lanciando il movimento dell'accensione per provocare il movimento permanente del motore e affrettarsi a mettersi al lavoro, alla ricerca di qualcuno monete guadagnate duramente.

Mio padre non sapeva che poche ore dopo quella mattina, con quel freddo gelido, anche mia madre si stava preparando ad affrontare la bufera di neve. Senza sciarpe né guanti, con la punta dei piedi visibile attraverso le scarpe consumate, è partita per affrontare tutti i pericoli per comprare la mia bottiglia di latte. Passavano le ore, Danielle mi osservava, concentrata sul ritorno di mia madre, non pensando alla tortura che poteva infliggermi impunemente, sembrava non pensarci più.

Vidi nei suoi occhi scuri la frase implacabile che aveva progettato di infliggermi se sfortunatamente mia madre si fosse trovata in cattive condizioni in questa disavventura.

Quando all'improvviso la porta si aprì nessuno di noi fu sorpreso perché era il viso di mio padre che vedevamo.

Non era accompagnato da mia madre e subito si rese conto quando ci vide tutti soli che là fuori si stava svolgendo un dramma. Lungi dall'essere consapevole di questa irragionevole iniziativa, senza sprecare un secondo, montò sul suo vecchio ciclomotore e come un cavallo al galoppo, si mise a lanciare parole di uccellini urlanti in direzione di questo vento gelido, il tono era fissato.

La mamma non sarebbe mai tornata, travolta da questa tempesta di venti gelidi e gelidi, il nostro destino era fatto, nostro padre ci avrebbe ucciso sulla via del ritorno con rabbia, era per compensare che la mia immaginazione rivedeva tutte le ipotesi più folli e terrificanti che ne emergevano. da una delle mie crescenti preoccupazioni.

Danielle mi avrebbe fatto a pezzi con una roncola, in piccoli pezzi e pezzo dopo pezzo, mi avrebbe smembrato come una mela che hai tagliato per mangiare, mi ha torturato costantemente fino a quando il mio corpo non si è slogato.

Come quelle talpe che hanno osato apparire sulla nostra terra scavando gallerie e sollevando mucchi di terra. Mio padre metteva pezzi di vetro rotto nelle loro tane per ferirli e lasciarli morire lentamente.

Il vicino contadino che ricordo, li seccò sulle punte del suo recinto, quello che delimitava il suo campo dalla nostra terra, potei contare il numero dei cadaveri di questi poveri insetti che per l'unica volta furono esposti alla luce, prosciugati come disidratati frutta secca. La vista di questi atti spaventosi mi era insopportabile.

Tremava che mio padre avesse trovato la mamma, infreddolita, il corpo congelato, non poteva andare avanti, esausta si era seduta vicino a un albero, pronta a rinunciare completamente senza fiato.

Tra il freddo e la sua malattia aveva prosciugato tutte le sue energie e non era quasi più viva.

Per fortuna, per risparmiare qualche minuto di viaggio, aveva preso una scorciatoia che anche mio padre conosceva.

Dopo aver girato più volte le strade che avrebbe potuto prendere, non averla vista al supermercato, si rese conto che ogni secondo stava diventando sempre più critico per la sua vita.

Andando anche lui, per cercare nel profondo di lui, spinto dall'istinto di sopravvivenza, si affrettò, con il cuore che batteva forte, per salvare la vita di questa piccola donna che stava giocando qui.

Contro un albero completamente spoglio con un tronco scavato dalla pioggia, rannicchiato, ben riparato, un corpo addormentato. Anche i suoni del ciclomotore non sono riusciti a rilevare un movimento di vita.

Tempo sospeso, respiro accelerato, mio padre si affrettava inesorabilmente a raccogliere i pochi rami che erano caduti a terra, pose nel cuore del fascio, speranze illuminate dalla luce di quest'ultimo fiammifero, quello che aveva appena spezzato tenendo il suo respiro.

Frizioni senza interruzione, tra rabbia ed esasperazione, ha lottato per cercare di cambiare per attrito incessante il colore della pelle bluastra di mia madre.
Costringere la vita a non andarsene era diventata la priorità, di fronte alla gravità della situazione, le lacrime cedettero all'emozione di vedere in lei una reazione.

Non riusciva a convincersi ad arrendersi, a rianimare questo corpo congelato che stringeva una bottiglia di latte al petto tra le sue dita arricciate.

Il fiammifero acceso illuminava il mucchio di legna che ardeva di mille schegge e in questa ondata di calore si attivava il braciere del suo cuore perché la vita potesse riprendere il suo corso e fare spazio all'amore che a sua volta svolgeva il ruolo di tamburo.

Mia madre si rannicchiò contro di lui ed entrambe riempirono il luogo di languidi baci, il calore del luogo si accese in un unico corpo quello dei miei genitori innamorati.

Questo momento è stato immortalato pochi mesi dopo intorno a congetture con il gioco dello straccio per speculare sull'arrivo di una ragazza o di un ragazzo.

Questo bambino che i miei genitori desideravano tanto avrebbe dovuto chiamarsi Clément, ma fu Clémentine a diventare presto il centro degli interessi della nostra famiglia. Dopo diversi tentativi di offrire a mio padre un erede, un ragazzo forte e robusto per portare con orgoglio il cognome come uno stendardo, mia madre ha dato alla luce una bambina, un falso allarme attendeva l'arrivo di un ragazzo a casa.

Una tradizione era che usassimo ancora lo strofinaccio, come un oracolo per credere nel miracolo, quindi abbiamo nascosto con cura, ben al di sotto, un coltello e una forchetta.

La futura mamma potrebbe così scegliere la forma sotto il telo e concludere la predizione. La forma dell'utensile nascosto sul lato destro o la forma di quest'ultimo sotto il lato sinistro dello strofinaccio, a seconda della sua designazione, simboleggiava l'orientamento dell'essere, come una forchetta una ragazza e per il manico del coltello il rappresentazione di un ragazzo.

Gli ultrasuoni dovevano essere fatti ma dopo un aborto spontaneo senza sapere se fosse un maschio, i miei genitori preferirono lasciare che fosse il destino.

Era risaputo che le sue gravidanze erano complicate, i ripetuti colpi di tosse causavano disagio al bambino e lasciavano mia madre in un costante stato di spossatezza dopo aver combattuto molteplici fiato corto, il suo corpo si stava riprendendo dolorosamente. Proveniente da una famiglia estremamente povera, dove regnava il patriarcato, soffriva di asma molto grave sin dalla prima infanzia ea differenza del fratello che godeva dei privilegi riservati agli uomini di casa, i miei nonni materni non prestavano alcuna attenzione alla loro figlia.

Rifiutata e isolata in una stanza priva di comfort, il suono dei suoi forti colpi di tosse ha ostacolato la degustazione della zuppa durante i pasti in famiglia, l'unico ospite autorizzato a parlare era il vecchio orologio a cucù sul banco.

Un fardello divino, vissuto come un doppio dolore, dover nutrire una ragazza che non porterebbe nulla e si prenderà cura di lei.

In questi anni del dopoguerra in cui tutto doveva essere rifatto con queste ragazze in casa, solo la dote poteva ancora dare dopo pochi anni una soddisfazione, un ritorno sull'investimento.

La dote, si sa, questa pratica di fare regali alla famiglia della futura sposa per poterla sposare, era ancora comune in Francia anche alla fine degli anni '60, era molto meglio nascere maschio per lavorare presto e guadagnare soldi.

Nascere una ragazza non ha pagato alle famiglie prima del matrimonio, che era previsto come una liberazione e una grande vittoria a seconda di quale corteggiatore lo avesse dichiarato.

Mia madre, come molte donne allevate in queste condizioni, non poteva pretendere una migliore considerazione. I nostri nonni materni erano tradizioni rigorose e rispettate, tiravano fuori il corredo solo per le occasioni speciali.

Il nonno mangiava solo con il suo coltello Opinel con manico in ciliegio e per festeggiare un giorno importante tirò fuori il suo cucchiaino d'argento.

Come quel momento solenne, a cui ho assistito quando li ho visti per la sola ed unica volta, pochi anni dopo, al mio 11 ° compleanno, lo sguardo scuro perso nel fondo della sua tazza di caffè appena raffreddato dall'annuncio della morte del mio madre che mio padre è venuto a dargli.

Questo nonno materno giocava con un perpetuo movimento circolare con il suo cucchiaino, schiacciando una ad una le zollette di zucchero che accumulava meccanicamente, aggiungendo "è così" davanti a questa nonna che, a capo chino, gli porse la sua. famoso coltello preferito per intagliare il pollo.

L'unica occasione per incontrare questi nonni materni è stata per me un'enorme costernazione, incontrarli in questa occasione è stato traumatico e vedere davanti a me il ritratto di mia madre in questa nonna mi ha immerso in una doppia tristezza, quella di un bambino che avrebbe non vedere sua madre invecchiare.

Mio padre, un rione della nazione, proveniva da una famiglia di dodici bambini, i contraccettivi non furono rilasciati durante la seconda guerra mondiale e l'AIDS non era ancora stato invitato alle conversazioni.

Secondo nostro padre, i nostri nonni paterni erano di Boulogne sur Mer ed è stato a causa dello sbarco e per partecipare allo sforzo bellico che il peschereccio di mio nonno è stato requisito dall'esercito.

Quando pioveva, mio ??padre passava il tempo a coprire i modelli di cartone delle navi che realizzava con fiammiferi usati, come per ricordare da dove veniva.

Lo sbarco della seconda guerra mondiale è avvenuto ma in Normandia ed è molto povero che i miei nonni siano morti lasciando i loro figli all'aren-aria degli adottanti. Rimasto orfano molto presto, mio ??padre ha dovuto lavorare dall'età di 14 anni per costruire un futuro migliore.

L'istruzione, base fondamentale di ogni edu-cazione, è comunque quella che mio padre rendeva obbligatoria a casa, i nostri genitori non potevano quindi fornirci la minima spiegazione, dovevamo avere una condotta esemplare per perfezionare le carenze di cui entrambi avevano sofferto. e molto privato di tutte queste nozioni.

Ho letto molto, soprattutto i libri che ho vinto a scuola, i premi di fine anno quando una lezione era passata, sotto la supervisione dell'insegnante e del suo bastone, le mie dita arrossivano tutto il tempo per rimanere concentrate sull'apprendimento insegnato.

Venendo dalla Corsica con un accento non orto-dosso, la disciplina richiesta da questa maestra mi ha fatto bruciare i polpastrelli quando la parola pronunciata non le piaceva o non era scritta correttamente.

Gridava davanti a tutta la classe e chiedeva che allungassi il braccio, la mano piatta, poi mi afferrò per raggruppare la punta delle mie piccole dita in un unico punto, subito mi guardò e con un colpo secco Il suo righello di legno sbatté sulla punta delle mie dita, che erano viola per la sua brutalità. Proprio come i miei capelli avevano assaporato l'incoscienza della mia arroganza nel voler sfidare le sue istruzioni, se sfortunatamente le mie recitazioni non erano state eseguite alla perfezione, una serie di frizioni ed estensioni seguirono ad essere strappate dalle radici. Dalla cima della mia testa, l'essenza stessa della sua educazione.

Tra i miei libri preferiti, mi piaceva leggere e guardare quello che raccontava la storia delle quarte figlie del dottor March, forse a causa del dottore in quel romanzo, proprio come con noi veniva spesso al capezzale di mia madre, quindi a casa, io facilmente identificato con queste eroine che vivevano nelle mie stesse condizioni, tranne per il fatto che la loro casa sembrava più un castello che il nostro fatiscente mucchio di pietre.

La loro vita è stata scandita dall'assenza del loro papà, la mia era stata lì ma è tornato a casa molto tardi, ha lavorato sodo e aveva una voce grossa, quindi quando è tornato a casa stavamo andando dritti.

Mia madre era decisa a far risplendere questo interno, con l'aiuto di un enorme catino di rottami di metallo e del suo mocio, strofinava più e più volte per non dover sopportare i rimproveri di mio padre che amava farle notare che i suoi giorni deve essere impegnata se si prende cura delle sue faccende, come a implicare che un lavoro esterno non sarebbe compatibile se avesse svolto adeguatamente questo compito.

Era una donna piuttosto timida, mia madre, non le piaceva la folla, parlava poco e ho tra i miei 7 e gli 11 anni piacevoli ricordi.

Quando queste faccende domestiche venivano portate a termine, a volte con Danielle, provvista di uno strofinaccio, pulivo i mobili per darci una pausa con la mamma e farle risparmiare tempo.

Abbiamo avuto il piacere di ritrovarci in giro giochi favolosi come quelli per saltare in padella le frittelle, a turno guardavamo le frittelle volare, sperando che ricadesse nella padella.

Clémentine si divertiva a guardarci dall'alto della sua sedia di legno per bambini sapendo benissimo che alla fine del gioco avrebbe potuto gustarli con lo zucchero e un bicchiere di latte.

È stato mentre rideva che mamma ha scritto su un pezzo di carta con la matita di papà tagliata male, i punti che abbiamo ottenuto quando i pancake sono tornati intatti per essere mangiati, e con Danielle abbiamo avuto meno punti quando il pancake è caduto male nella padella. dopo aver fatto un bel volo, senza contare quello che non abbiamo mai trovato che fosse scivolato dietro la credenza, immagino che nella notte un topo lo abbia inghiottito.

La nostra casetta sembrava un enorme formaggio svizzero, i topi si insinuavano su tutte le sue pareti, non c'era isolamento, mio ??padre era un operaio edile eppure la nostra casa era completamente in rovina, la vecchia pannocchia fungeva da ombrello contro gli alberi. e fosse disseminate nel terreno per impedire le nostre inondazioni.

Anche le sue finestre con i vetri rotti portavano l'usura del tempo e avevano diritto ai loro intonaci per continuare a resistere all'assalto del vento.

I miei genitori erano semplici inquilini, mia madre andava in bicicletta oa piedi a fare qualche ora di pulizie con gente benestante contro pochi biglietti, mio padre si guadagnava modestamente la sua crosta andando in motorino nei cantieri per costruire belle case con il suo capo, un paradosso quando dovevamo accontentarci di vivere in condizioni precarie.

L'affitto pagato in più rate mensili è stato rapidamente aumentato in caso di deterioramento, tanto da dire che la semplice piastrella rotta non è stata sostituita ma molto rapidamente nastrata per non farci notare il proprietario che ogni mese ispezionava l'entità del danni per poter grattare qualche franco aumentando la propria produzione.

Di fronte alla portata degli incidenti abbiamo avuto diritto a una magistrale sculacciata, consegnata a tutti i bambini della nostra famiglia per essere sicuri che il messaggio fosse passato, a nostro padre è stato affidato il ruolo del boia e della vittima portando a termine la sua famiglia un doppio dolore, quello dei suoi figli e quello di vedere i suoi soldi gratis.

La nostra vecchia baracca, era una vecchia latteria che apparteneva a una vecchia signora molto austera, la odiavo, sia perché prendevamo magistrali sculacciate a causa dei suoi indecenti aumenti di affitto, sia allo stesso tempo perché faceva spesso piangere mia madre. riesco ancora a vedermi imprecare contro di lei e dirle in lontananza.

Spesso ci osservava, sola, vedova da diversi anni, abitava nella casa accanto in cui viveva abbastanza bene.
Aveva un bellissimo giardino vicino a un grande appezzamento dove correvano galline e altre mucche, circondate da una moltitudine di pecore.

Sembrava che non le mancasse nulla e che potesse mantenersi pienamente.

La grande zangola di legno piena di burro spesso ci rendeva felici. "La vecchia" come mi piaceva chiamarla, mi ha insegnato a estrarre con pazienza, torta dopo torta, in tutta delicatezza l'arte della mungitura con una delle sue mucche preferite.
Seduto su un piccolo sgabello, i cui tre piedi di legno tradivano gli anni trascorsi a estrarre le gocce di latte, che erano cadute lentamente, una ad una nel vecchio secchio posto sotto grossi seni pieni di latte, rimasi lì con l'odore del latte questo latte fresco intervallato da scoregge di vacca.

Quello era il prezzo da pagare per banchettare ogni mattina con una gustosa brocca fresca sul davanzale della finestra che veniva immediatamente aggiunta al conto dell'affitto.

Dopo la morte del marito ha dovuto badare a se

stessa, siamo andati a trovarla regolarmente credo con il senno di poi, per cercare di persuaderla, eravamo tre bambini piccoli con le nostre facce da strillone, le nostre piccole piaghe, abbiamo cercato di ammorbidirlo un po.

I nostri volti erano spesso usati per ammorbidire la vecchia, fu con lei che iniziò la mia intossicazione da Calvados o brandy, l'associazione degli abusi di Danielle sono tutti legati a questi episodi di dimenticanza ipnotica, dove sotto la morsa di questi distillati aromatizzati in base alla qualità del raccolto dei suoi meli, ne sono uscito più o meno alcolico.

Un giorno, mentre cercava di cambiare la lampadina spenta fuori casa sua, appollaiata su una sedia, la cui forza non permetteva acrobazie, l'anziana donna afferrò il bracciolo per tirarsi su sul bordo e senza alcuna esitazione per la strada in alto, afferrò il paralume del ciondolo per scoprire la lampadina.

Con le mani impegnate in questa delicata operazione, i piedi in equilibrio sui braccioli della sedia, la vecchia si ritrovò appollaiata, in equilibrio per un momento di immortalità, come un funambolo, le quattro gambe della sedia che tremavano sotto il peso del sedia.vecchio.

Deve aver inavvertitamente lasciato socchiusa la porta del suo vicoletto, quello che si affaccia sul cortile delle pecore davanti a casa sua e il suo ariete più grande, come posseduto da intenzioni folli, è entrato nel suo vicolo e ha suonato bruscamente la fine dello spettacolo.

In una danza macabra, senza lasciare possibilità alla vecchia, a una velocità folle e in una furia nera, senza aver avuto il tempo di scendere da questo trespolo, la ghironda fu colpita frontalmente dalla bestia che doveva essere s'affrettatevi a pungere perché potremmo controllarlo meglio.

In quel preciso momento ricordo di essermi detto che tutti i miei cattivi pensieri per lei si erano appena avverati, mi sentivo sia in colpa che liberato.

Come se mi liberassi da un peso, un vero sollievo, era per permettermi di disintossicarmi dall'alcolismo precoce a forza di andare dalla vecchia, o era perché Danielle non poteva più eseguire i suoi rituali di maltrattamento nella mia vita.

La finalità non poteva più avvenire, inevitabilmente non potevo più dimenticare nel bicchiere di Calva servito dalla ghironda, le atrocità di Danielle, né essere accusato al suo posto e quindi logicamente Danielle non poteva più compiere i suoi pacificamente rituali programmati.

Mi chiedevo quali fossero i miei poteri soprannaturali, come se le mie preghiere fossero state esaudite.

In un solo istante le mie ansie sarebbero cessate, non sarei più stato colpito da colpi di martello su una testa che era già in piccoli pezzi, gli occhi delle mie bambole non sarebbero più stati strappati, i miei lunghi capelli non sarebbero più stati tagliati. del vecchio una vera liberazione.

Le nostre condizioni di vita sarebbero state sconvolte, eravamo davvero scontenti della pressione che la vecchia esercitava sul nostro bilancio familiare aumentando l'affitto ad ogni peggioramento, dipendevamo da questa donna che non lasciava andare nulla.

Forse l'affitto si sarebbe stabilizzato, i miei genitori avrebbero probabilmente finalmente potuto respirare un po 'e mia madre avrebbe smesso di essere tormentata.

La realtà era ben diversa, avevo ragione a pensare che la vecchia provasse un po 'di compassione, subito dopo la sua morte mi sono reso conto, gli affitti hanno continuato ad aumentare.

Nelle mani dei suoi figli la nostra vecchia baracca vibrava sotto gli aumenti, percepita come fonte di guadagno, a loro non importava niente delle nostre condizioni e vedevano in questa vecchia baraccopoli l'aspetto finanziario che questo casino poteva ancora portare loro.

Avvisati dal notaio che i nostri giorni erano contati prima che questi pali cavi venissero demoliti e distrutti da futuri acquirenti che avevano pianificato molto di più delle vite lì, i miei genitori dovettero risolversi a fornire risposte convincenti per evitare la nostra espulsione e accettarne le conseguenze. Aumenti regolari.

Questo ha infranto i principi e altre ideologie, di fronte alla realtà del cambiamento della vita, mio ??padre ha dovuto ammettere che la famiglia aveva bisogno di portare più risparmi.

È così che ha accettato con riluttanza che mia madre avrebbe valorosamente guadagnato un po 'di soldi assumendo in parte la modesta attività di commessa in un piccolo museo dedicato alla produzione del pane di una volta.

Le donazioni di abiti e accessori che le persone ben intenzionate in beneficenza sono arrivate in sacchi pieni, lasciarci mi ha sempre affascinato, quale immagine dovremmo restituirci? come le miserabili e le condizioni di vita degli anni sotto la fuliggine.

Tre bambini dagli occhi rossi fissavano le pile di biancheria che si accumulavano in una stanza della casa che era un ex caseificio.

La casa era utilizzata prima della seconda guerra mondiale come rifugio per la resistenza e per il bestiame, mandrie e animali vari, una delle tre stanze che la componevano era rivestita di cemento sulle quattro pareti, dura e fredda, una stanza che serviva come ripostiglio.

La stanza principale era la cucina dove le prese facevano defluire l'acqua dall'unico lavandino, la stanza era piccola a causa di questo enorme camino in cui si poteva stare un uomo intero.

In passato, gli abitanti del villaggio dovevano cucinare allo spiedo agnelli o altri animali, di quel tempo era rimasto un calderone di ferro nero e ci serviva come una grande casseruola.

La patata cresceva in tutto l'angolo delle terre aride e non ci lasciava mai affamati.

Alcuni mattoni caldi sono stati rimossi da questo enorme camino e posti in fondo ai nostri letti per riscaldare i nostri piccoli corpi raffreddati di notte, un calore morbido e intenso che potrebbe spingerci in un sonno accogliente.

I nostri letti con Danielle erano in una piccola stanza e il mio letto era alto, l'ho raggiunto con una scaletta, ho visto Danielle sotto, davanti a me e sotto il cuscino ho trovato spesso un topo morto la mattina presto, non l'ho fatto capire come ha potuto scalare la notte per scivolare così e morire schiacciata sotto la mia mente addormentata.

Il mio dolore era immenso, ho trovato questi piccoli animali amichevoli, come gli occupanti della casa, i topi cercavano a modo loro di sopravvivere in questo ambiente ostile, spigolando qua e là qualche residuo di cibo portando il loro bottino nelle gallerie scavate il cuore dei muri di casa, per quale motivo questi poveri animali verrebbero a mancare al suo mio cuscino.

Clémentine quanto a lei, dormiva ancora in una culla e stava bene all'altro capo della cucina nel soggiorno che fungeva da stanza per i nostri genitori tra il tavolo e la credenza, il loro letto era sul lato.

La brocca d'acqua appoggiata sul comodino e la grande bacinella di ferraglia sostituivano il bagno la sera o la mattina, senza dimenticare i servizi igienici che all'esterno ci permettevano di respirare ad ogni urgente esigenza con qualsiasi tempo.
Per fortuna la magia della cella frigorifera ci ha fatto dimenticare la nostra quotidianità, riempita

fino al soffitto di sacchi della spazzatura pieni di vestiti, ho scalato montagne di gonne e altri pantaloni per trovare l'abito più bello e come una principessa amavo suonare le parate.

Tendaggi di seta e scarpe di tutte le taglie, ho giocato a inventare altre vite. Alcuni vestiti si sono distinti dalla folla, mi chiedo in quale occasione avremmo potuto indossarli, bagni diurni, solidamente sostenuti da guaine metalliche, questi abiti erano rifiniti con gonne gonfie con corde interne.

Tutti scandalosamente circondati da superbi pizzi, plissettati, uno più numerosi dell'altro, i corpetti fungevano da fermagli e trattenevano i corpi di chi li aveva indossati imprigionati in conchiglie colorate.

Si poteva quasi credere che fossero gli abiti delle regine di Francia in quanto le loro apparizioni erano della più bella eleganza, servizi igienici e abiti di un'altra epoca perché negli anni '70 il rinascimento era finito o era al contrario l'inizio di un nuovo era.

Tra questi vestiti, uno di loro, piuttosto beige, elegante come gli abiti memorabili nei film dell'Imperatrice "Sissi" ha segnato la mia mente, con la differenza che questo non si chiudeva con una collana di perle ma con una mussola addosso. il petto.

Mia madre era particolarmente affezionata a

questo vestito e non era per il suo aspetto brillante ma per la firma e la dedica del suo idolo "Sheila" che era ricamato sul davanti.

Eravamo affascinati nell'immaginare che il cantante lo avesse autografato, sul giradischi il giradischi 45 di "Sheila" risuonava in casa poche sere durante le stagioni.

Questi travestimenti e divertimenti hanno occupato la maggior parte del nostro tempo quando le giornate si restringevano, a causa degli inverni rigidi e umidi che lasciavano rapidamente il posto alla notte e alle estati calde piene di vasti prati fioriti, questo è ciò che ha scandito le stagioni della mia vita. in questa regione della Normandia.

Lontani dalla città e dalle sue follie, dalle sue botteghe e da altri dolci, eravamo abituati a goderci il più semplice dei pasti purché si svolgesse senza sfoghi, alzate di spalle o addirittura sputi dalle più profonde cavità del mal di gola di mia madre stanca.

Tra la sua malattia allo stadio più avanzato per un asmatico che le ostruiva la respirazione e la mancanza di isolamento in casa, a volte abbiamo avuto un po 'di tregua per assaporare carne di prima qualità che era una rarità in questi tempi.

Per sopperire alla mancanza di cibo e per finire la fine del mese sempre molto dura, i miei genitori volevano fare un orto e coltivare un piccolo appezzamento di terreno intorno alla casa.

Dobbiamo ammettere che le poche migliaia di metri quadrati di erbe pregiate avrebbero potuto ben riempire i nostri stomaci di deliziose e gustose verdure ma fu senza contare sul consiglio dell'orgoglioso proprietario di ribattere loro che tali privilegi erano riservati ai padroni di questi. trame e che era inutile rubare pena di sentire l'aumento del canone di locazione.

I miei genitori erano sostenitori del duro lavoro, del gusto per lo sforzo duro e meritevole, e dopo la fatica quotidiana di godersi la serenità di uno stomaco pieno.
Coltivare il proprio orto aveva senso per provvedere ai nostri dispiaceri, al vellutato di una buona cena davanti al caminetto, all'auspicio di un sogno lontano dalla nostra realtà che comunque non avevamo legna a sufficienza.

Al calar della notte, con la sua carriola e il suo vecchio ciclomotore, mio ??padre riparteva nel bosco a rubare qua e là rami marci e come a dare loro una seconda vita, li ammucchiava e appiattiva le gomme della carriola, rimorchiando il suo furto a distanza di armi nel freddo ruggito del suo "serbatoio dell'olio".

In mezzo a questi vasti prati, in mezzo alla campagna nel cuore della Normandia, pochi vicini incrociavano le nostre strade, solo due di loro vivevano nelle vicinanze, c'era una famiglia portoghese con i loro nove figli ma già cresciuti.

La loro madre, un'ottima sarta, laboriosa e intraprendente, molto spesso aiutava mia madre a confezionarci i costumi per le fiere scolastiche di fine anno.

Ha anche rifornito il suo enorme orto, vasetti sterilizzati di marmellate e verdure dimenticate guarnivano i nostri cestini.

Teresa, una santa donna che portava bene il suo nome di battesimo, era l'unica nel quartiere ad avere un telefono, per diversi chilometri nessuno aveva ancora questa invenzione.

A parte il bisogno di non farsi sentire, a che serve usare un dispositivo del genere, non tutti avevano un numero e comunque non avevamo nessuno da chiamare, nessun nonno visto che mio padre non ne ha più, e cosa dire di mia madre a nessuno importava per sapere cosa ne era stato di lei.

L'altra casa era occupata da una coppia abbastanza discreta, un ometto tarchiato, rigido e autoritario, si opponeva alla sua donna grassoccia e imponente che si credeva nascondesse sotto la sua camicetta una schiera di ragazzini visto che era sempre senza fiato e rigida in un sumo costume dieci volte più grande di quegli enormi prosciutti.

Non la vedevamo spesso, ho avuto paura quando l'ho vista volermi mangiare, immaginando che avesse un appetito divorante.

Una sera, abbiamo sentito due colpi di pistola in lontananza nella notte, provenivano da casa loro, mi sono detto che doveva aver ucciso suo marito, che il suo pasto non le bastava e che per soddisfare il suo forte appetito, aveva voleva divorare il marito, in realtà era un altro nemico che seminava discordia e vagava per la notte.

Un ladro di polli che infuriava nel loro pollaio, una volpe molto scaltra che per mesi era passata tra le fessure, un tappeto tra il bosco e l'ingresso del bosco, suo marito ogni sera vegliava al suo arrivo, aspettava e vegliava su ogni movimento e rumori sospetti, senza muoversi.

Lo sguardo in direzione dell'intruso, l'ex cacciatore restava in guardia, poteva stare ore al freddo, a guardare la sua preda con la punta del fucile, la spalla dolorante per il peso del freddo acciaio. Seduto lì sulla sua sedia, un mozzicone di sigaretta in movimento e il suo fucile pronto a far cadere le cartucce.

Lo stupore del salto di capra che fece la volpe al suono del primo colpo, sorpreso in flagrante delicto si congelò e sulle sue tracce colse sul fianco destro la seconda cartuccia che lo asciugò, lanciando così con lui nel profondo della notte il grida di una vecchia gallina ovaiola che ha volato via tutte le piume al vento a centinaia di metri dall'aggressore.

Questo episodio movimentato ha rallegrato la nostra serata, in questa campagna profonda l'inverno è stato a volte lungo, la radio ha occupato le nostre menti, alla luce delle candele e delle lampade a olio abbiamo preso i nostri pasti, abbiamo ascoltato il suono della zuppa inghiottita da ciascuno gola affamata, con i nostri genitori in un silenzio a volte delizioso i nostri occhi scrutavano i nostri letti.

Il televisore funzionava in rare occasioni, la sua gettoniera determinava il tempo di visione così ogni franco veniva contato, mio ??padre aveva trovato il trucco per rompere senza che nessuno sospettasse nulla, il collezionista di monete che accendeva il timer, ecco come poteva farlo recuperare il cambio per poter rigiocare a piacimento e permetterci di vedere le vignette.

In origine si trattava di una società chiamata "Locatel" che affittava televisori in un momento in cui questi dispositivi rimanevano costosi da acquistare, le stazioni erano dotate di una gettoniera il cui locatore veniva a ritirare i soldi ogni volta. Bypassare il sistema per concederci qualche ora in più di visione davanti all'anello magico, siamo rimasti incantati.

Un piccolo peccato, niente di straordinario e non abbastanza da finire in carcere, la coscienza pulita, senza nemmeno confessare, la religione non era al centro delle preoccupazioni, solo un'istruzione ricevuta ogni mercoledì in presbiterio, per permetterci anni dopo di scegliere le nostre vocazioni, sono state sufficienti per assolvere le nostre azioni.

Dare importanza a queste credenze e ad altre opinioni forgiate da uomini di vari ceti sociali non aveva posto in casa nostra. Molti anni dopo, mio padre mi spiegò che uno dei motivi per non imporre alcuna religione era dovuto al suo rifiuto dei dormitori e di altre pensioni.

In quegli anni all'orfanotrofio, quando era rione della nazione, è stato sottoposto a uomini di tutte le fedi, toccanti e varie penetrazioni quando era solo un ragazzino.
Le sue sofferenze e divieti di parlare di questi atti e abomini sono stati per anni denunciati e condannati da anni di prigione. Quando mi racconta questi misfatti con paura, sento dei singhiozzi nella sua voce che dicono molto di questi anni di dominazione, punizione e violazioni della sua integrità di ragazzo, quest'uomo che a 60 anni mi sta davanti il ??freddo e l'umidità lo sguardo, trattiene le lacrime emanate dai ricordi di quegli

anni.

Mia madre, dal canto suo, non credeva a nulla, convinta che non si dovesse mettere il proprio destino nelle mani di un'ipotetica forza invisibile, dedicava un'adorazione ai benefici della natura e ai decotti e alle altre miscele che spesso preparava. per alleviare i suoi ripetuti attacchi di tosse che gli hanno indebolito cuore e polmoni.

Una delle sue preparazioni era a base di foglie di menta che raccoglieva per strada per preparare tisane, con altre piante medicinali mia madre curava altri disturbi e alleviava i nostri disturbi.

Realizzava perfettamente impacchi a base di ortiche, composti da una calda pasta schiacciata di ortiche macerate, stesa su più strati di stoffa, piegati uno sull'altro, il tutto avvolto in un panno, si applicava più volte al giorno sul petto la sua preparazione che lo rendeva più facile per lui respirare.

Per la nostra tosse stagionale e l'influenza, preparava impacchi di senape che ci riscaldavano il petto e assicuravano un sonno sereno e senza febbre durante la notte, rifiutando la medicina tradizionale per la quale non aveva considerazioni, i suoi preparati erano gli unici trattamenti che meritavano la sua approvazione.

Da dove poteva trarre una così grande conoscenza delle pratiche medicinali ancestrali, la sua educazione non è mai stata menzionata nella nostra casa, sapevamo del suo immenso coraggio e della sua destrezza nel superare tutte le situazioni, molto presto aveva lasciato i suoi genitori a lavorare facendo i lavori domestici e dormiva in una stanza di cameriera senza alcun comfort, fu in questo periodo che mio padre la incontrò.

Durante una visita al fratello ritrovato molti anni dopo l'orfanotrofio, ha incontrato la donna delle pulizie nell'edificio e la scopata è stata immediata, mio ??padre ha notato il suo piccolo contenitore rotondo e la sua grande fragilità che ha accettato nella sua completezza la complessità della situazione.

Un uomo alcolizzato e violento aveva messo incinta mia madre, che ha preso l'amore per mio padre e lo ha lasciato senza voltarsi indietro, Danielle sarebbe stata la sua prima figlia per mio padre, la cui non paternità ci avrebbe nascosto per anni. Parlava poco dei suoi sentimenti, mio ??padre doveva aver dimenticato i suoi alla morte dei suoi genitori, per sopravvivere nell'orfanotrofio aveva acquisito tecniche di sopravvivenza che gli erano utili durante i suoi numerosi collocamenti in affidamento.ha sperimentato fino all'età di 14 anni , ognuno di loro prende il suo gruzzolo dal governo per prendersi cura di un tale mascalzone.

Per ogni rione della nazione, lo Stato inviava in quel momento un corredo composto da stivali e pantaloni per questi orfani, la famiglia ospitante si occupava di vitto e alloggio e si impegnava senza convinzione a dare l'illusione di 'uno schema di educazione.

Per mio padre non era niente, non solo la sua famiglia affidataria confiscava i suoi corredi che finivano sempre negli armadi dei legittimi figli degli adottanti ma per mangiare a sazietà rubava ai meli dei campi limitrofi ciò che gli nutriva quotidianamente vita.

Ottenuto il diploma di apprendistato all'età di 14 anni, ha preso il suo fagotto e le sue vecchie scarpe per viaggiare con i compagni di servizio sulle strade della Francia in cerca di lavoro e formazione.

Questa associazione, nata nel dopoguerra, ha permesso ai giovani di riscoprire il gusto per le tradizioni svolgendo molteplici funzioni, da falegname a muratore, mio ??padre stava per costruire con le sue mani quello che il destino gli aveva rubato, un posto nella società.

Sull'assalto alla capitale, era nei corridoi dei palazzi che dormiva in attesa di trovare riparo, quando lavorava di giorno a Parigi, si rifugiava negli ostelli per mangiare, senza restarci troppo. , le sue vecchie scarpe avendo un giorno trovato un altro proprietario, mio ??padre dovette decidere di frequentare i suoi posti solo molto raramente.

Attraversando la Nièvre con il suo migliore amico, Philippe, avrebbero entrambi compiuto un compito monumentale per restaurare una delle cattedrali più belle della Normandia, così ha visto suo fratello o metà di se stesso, davvero, a Rouen.

In questo palazzo quel giorno, quando la vide, fu preso da un amore infinito, piuttosto riservato mio padre non era un uomo da conquistare, l'unica donna che lo ha segnato davvero è stata uccisa in un incidente nei suoi 20 anni, lo è il suo primo nome che voleva dare a Danielle.

Il lavoro prosperò per gli uomini del palazzo, tutto dovette essere rifatto dopo la seconda guerra, la Normandia terra di bombardamenti, lasciò le campagne malconce e indigenti dei suoi abitanti.

Ricostruire le case è stata la priorità per rivendicare una qualità di vita, scandita dai rumori dei bambini, dalle grida dei cortili e dei commercianti, dal campanile al fornaio ogni paese è gradualmente rinato ed è per riportare in vita uno di loro che mio padre ha accettato di lavorare come muratore nelle profondità della Normandia.

Quando è stato necessario trovare un alloggio, la domanda è stata subito posta, nessuno dei miei genitori aveva soldi, Danielle era nata a Rouen, mio ??padre aveva convinto suo fratello per alcuni mesi a dar loro rifugio per un po 'ma con tutte queste bocche a alimentazione e la lontananza del suolo normanno, mio ??padre prese subito un piccolo alloggio nel centro del paese.

Alle tre in un alloggio molto piccolo che avrebbe potuto essere più che sufficiente ma due anni dopo, tutti gli occhi dei passanti erano sulle mie gambe paffute che superavano la mia superba carrozzina parcheggiata in strada, per mancanza di spazio ora eravamo in quattro e le pareti troppo strette lasciano traboccare tutti i nostri progetti.

Come per divorare la sua mancanza di spazio, un cagnolino che condivideva la nostra modesta vita quotidiana ha gradualmente distrutto ogni piede di mobili di legno, il che ha fatto arrabbiare mio padre e infastidito il vicinato con il suo abbaiare feroce.

La soluzione è stata difficilissima da trovare, mamma ha passato tre ore davanti, senza riuscire ad orientarsi perché la capanna sperduta che stava per ripararci era lontana dal centro del nostro quartiere.
Con diversi giri di pedale, era talmente stanca, che si è fermata su un terrapieno a riposare, è il rumore della "petroliera" che echeggiava lontano dalla strada, come un'eco radar ha guidato mia madre come sonar a destra direzione.

Persi in mezzo al nulla, eravamo in mezzo ai campi

circondati da mucche e altre bestioline che come noi strisciavano per ore senza accorgersi di altre persone o di altri bambini, eravamo condannati ad abituarci agli strani rumori della notte, al isolamento che ha invitato questo spazio infinito a usare le nostre gambe per cercare alcune aziende.

È per combattere la noia che nei giorni di pioggia vestiamo i ruoli di genitori con Danielle passando su abiti grandi, giocavamo a far parlare le nostre bambole, ovviamente la mia con i capelli tagliati, Danielle voleva sempre che parlassero. sii più bella così prese in mano una manciata di capelli e si strappò alla radice della testa le poche ciocche che le sporgevano.

La mia preferita una bambola "Carolle" di oltre 105 cm, bionda con lunghi capelli biondi, era come mia sorella gemella, la adoravo, trovavo nei suoi punti di somiglianza probabilmente dovuti ai suoi lineamenti infantili che riflettevano l 'innocenza e l'incoscienza, lei aveva scarpe rosa ai piedi che mi divertivo ad adattare alle mie scarpe, i suoi grandi occhi blu profondi così compassionevoli mi hanno restituito una comprensione della situazione come se avesse presentato che il suo turno sarebbe arrivato presto, i suoi capelli setosi nelle mani di Danielle hanno finito per trovare la strada per un vecchio bidone della spazzatura, danneggiandole il viso con alcune forbici, la gelosia di Danielle si trasformò in violenta implacabilità, non potendo più indossare le scarpe difettose dei piedi, la bella bambola terminò con alcune dita dei piedi amputate.

Attacchi nervosi mi hanno invaso e ho pianto per ore e ore esausto e sfinito dal ritmo frenetico dei maltrattamenti sempre più stretti che Danielle mi stava infliggendo, mi sono rotolato a terra per battere i piedi, le punte si sono serrate sui miei occhi gonfi e allagati con lacrime che continuavano a cadere fino all'arrivo del ciclomotore che mi ha sollevato il cuore. Sapevo che mio padre non avrebbe permesso che questo tipo di comportamenti continuassero più a lungo, Babbo Natale ha lavorato duramente per portarci un giocattolo e mio padre lo conosceva personalmente.

Nelle lunghe sere d'inverno, con la sua petroliera, affondava nella notte, lontano nella foresta, i rami molto secchi selezionati allineavano il camino e mentre si avvicinava il Natale, andava alla ricerca di quello che sarebbe stato in casa. Babbo Natale può lasciare i regali.

La magia del Natale era quella delle tradizioni, dei canti e dei pasti attorno ad un albero ben addobbato di pigne e altri ninnoli che potevamo aggiungere, da un anno all'altro abbiamo mantenuto le decorazioni e per dare l'illusione di un albero ben fornito, mio padre armato di coltello da potatura decise di conquistare gli alberi più incredibili della foresta.

"Operazione drago" è il soprannome che ha dato alla sua missione quando quella sera, si precipitò in una nuvola di fumo che ci impediva di respirare mentre lasciava il suo "olio" munito della sua serpetta si precipitò dentro nella tormenta per cercare il albero più bello della foresta, ed è stato con stupore che ha portato a casa un agrifoglio, ricoperto di palline rosse e rami con spine multiple, è con un sorriso che ho immaginato Babbo Natale che passa i suoi grandi doni ai piedi di questo albero colorato . Molto più che un regalo per quest'uomo imponente, mio ??padre ha organizzato quella sera, le migliori condizioni per accogliere con orgoglio il suo ospite che rispettava perché era come lui al freddo che camminava per i sentieri.

L'unica ricompensa di un vin brulè gli ha riscaldato il cuore in ringraziamento per i nostri doni, hanno scambiato alcune parole con mio padre prima di emettere un "Ho Ho Ho" che significava il suo deposito.

Nascosto dietro la porta, ho sentito con Danielle la grossa voce che ha sollevato nella stanza l'unica domanda che ci ha lasciato senza fiato "I bambini sono stati bravi quest'anno?" il sudore sulla fronte di Danielle faceva sudare la polemica della risposta al punto da percepire la disperazione nel suo sguardo, l'unico momento conscio del suo comportamento che non durò molto a lungo, la risposta del "Sì" immerse nell'oblio le sue azioni soddisfatte.

Il giro infinito durante questo esilarante momento ha preceduto il delizioso momento della scoperta dei preziosi doni depositati ai piedi dell'Agrifoglio luccicante quasi ad annunciare i festeggiamenti, ho scartato il mio unico ed unico regalo, quello depositato dall'uomo che stava camminando lontano in lontananza lasciando qualche impronta nella neve.

Mio padre consapevole di questa fatica, lo accompagnava sempre per tornare finalmente indietro di qualche metro per permetterci di scoprire finalmente i nostri doni al mattino presto.

Ha usato il suo petrolio per miglia per andare nelle case della gente per vendere i suoi talenti per riportare edifici ad abitazioni, la sera e nei fine settimana, sotto la pioggia o la grandine, ha lavorato dalla sera alla mattina contro franchi duri.Vinceva per riservare doni dall'unico catalogo in paese al supermercato, a volte quando aveva un piccolo spicciolo prima di tornare a casa portava a Clémentine un piccolo uovo di cioccolato che conteneva dentro una sorpresa da costruire, un piccolissimo giocattolo e lungi dall'avere invidia ho scoperto mio padre piuttosto commosso da un rito che anche lui ha apprezzato.

Amava il suo olio, lo puliva regolarmente per garantire i nostri movimenti, avevamo solo questo mezzo a nostra disposizione per la nostra locomozione, ovviamente avevamo anche la bici di mia madre, i cui pedali arrugginiti lo costringevano a non pedalare solo ad intermittenza secondo il tuo cadenza propria, facendo saltare la catena ad ogni giro se il colpo dato era troppo giocoso, allora era più frequente per noi muoverci a piedi.

Ero orgoglioso di essere sul portapacchi dietro mio padre, appeso alla sua giacca, sentivo un profumo di fuga quando ha acceso la macchina, mi immaginavo di partire molto lontano e dimenticando il tempo per assaporare questo momento, lo ripeteva spesso " mettete bene i piedi su ogni lato, ci sono i poggiapiedi ", una volta montati nella parte posteriore, ha controllato nello specchietto la corretta posizione che avevamo per non sbilanciarci quando la velocità ci ha portato a bordo.

In un eccesso di sicurezza, ha accelerato la presa con una mano determinata per far ruggire il serbatoio dell'olio come un animale pronto a balzare sulla sua preda, ma la ruota posteriore è entrata nel panico e ha trascinato la mia gamba nel suo raggio e nel fuoco di essa. azione il mio corpo cadde di lato come espellere un purosangue posseduto, in preda al panico la mano di mio padre afferrò il freno e fermò di colpo la macchina per la ruota posteriore facendo urlare mia madre.

In un fumo nero, mio ??padre si gettò a terra convinto di trovarmi la gamba a pezzi a pezzi, i suoi occhi fissi per un attimo sul mio viso interrompendo bruscamente il corso del tempo mentre inalava i secondi che asciugavano la sua voce sopra di me.

Sgomento per la flessibilità della mia tibia che sembrava solo un po 'bluastra, niente si era rotto, nessun residuo di pelle sull'olio, alzandomi ho sentito dolorosamente l'atterraggio del mio piede che sull'erba si trascinava per tornare a casa , che mi tranquillizzò a lungo e servì da lezione, il poggiapiedi era utile ne ero più che convinto. Dopo essersi avvicinato alla tragedia, un'altra nella mia piccola vita, mio ??padre non voleva più che andassi a giocare intorno al ciclomotore e agli attrezzi nell'edificio, passava il suo tempo armeggiando e pulendo i suoi attrezzi in un angolo sul retro dell'edificio. la casa l'aveva gradualmente trasformata in un laboratorio.

Un ragazzo del villaggio veniva spesso ad armeggiare con lui, è vero che per i meccanici era piuttosto abile, come un maestro di scuola mostrava al più giovane come smontare e rimontare interi pezzi di motori, per finire a seppellirli. Erano rimaste solo carcasse, quei vecchi ciclomotori sembravano mucchi disossati di cianfrusaglie e solo il telaio è finito sepolto sotto terra e ortiche.

Molti adolescenti del quartiere sono venuti a ritirare alcuni pezzi di ciclomotore e hanno condiviso le loro giornate facendo lavori artigianali con mio padre, come René a 16 anni, era uno di quegli adolescenti che venivano spesso, a volte restava in officina fino a tardi. in un angolo della casa, sveglio e pronto la prima volta la mattina, ha continuato a rimettere insieme rondelle e bulloni per finire le sue riparazioni.

Come un apprendista, mio padre gli insegnò tutto, suo padre era morto da tempo, gli era rimasta solo sua madre, considerandolo un po 'come suo figlio, passava molto del suo tempo armeggiare in questo angolo di case trasformate in edifici.

La sera non era mai stanco, ci sussurrava delle storie con Danielle, la sera molto tardi, li sentivo parlare entrambi ma appena aprii gli occhi, René si chinò su di me e disse "shhh torna a dormire", quasi istantaneamente mi sono addormentato.

Al mattino, quando mi svegliavo, la nebbia notturna era appena capita, a volte avevo difficoltà a ricordare se stavo sognando, le mie idee e pensieri erano così confusi. Dolori ripetuti, sbattere nella mia testa come se Danielle stesse picchiando e martellando di nuovo con un martello in testa ma questa volta dall'interno stavo cercando di ricordare cosa volesse dire la mia mente tranne che i dolori mi impedivano di vedere le sue immagini provenire dal buio che in lontananza faticava a lasciare la mia mente, i ricordi di quelle sere svanivano così in una potente malinconia. Mia madre amava cantare a casa, cantava la sera, le piaceva venire a cantarci canzoni per rock le nostre notti, prima di unirsi a Clémentine e mio padre, si assicurava sempre con un bacio sulla fronte che la temperatura fosse accettabile per Danielle e io, e poi lei si allontanava lentamente ogni volta, René arrivava sempre dopo quel momento.

Mi svegliava ogni notte, parlava ad alta voce con Danielle, non ho mai percepito il significato delle parole, solo le intonazioni acute e talvolta quasi ovattate delle voci ringhiavano come mimetizzate sotto il cuscino mi svegliavano e quasi subito mi riportavano dentro ipnotici per anestesia cerebrale.

Addormentati come gattini, quelli che ho visto in primavera, quelli che la vicina ha dormito in una scatola, il loro numero ha detto alla mamma non poteva crescere, così ha somministrato una pozione magica, una piccola fiala blu, un sedativo leggero per aiutarli a viaggiare sereni ai loro nuovi genitori.

D'altronde le bottiglie nell'armadietto dei medicinali si svuotavano a ritmo impressionante, spesso il vicino doveva portare a casa, le fiale blu ci permettevano di alleviare le nostre ferite anche se dall'arrivo di René a casa Danielle sembrava un po 'più schiva, lei di giorno non mi picchiava più, sentivo un po 'di distacco come Clémentine che camminava nei campi.

Durante i suoi primi passi, fu la prima cosa che fece, la bottiglia piena, una manciata di margherite in mano, barcollò con i suoi pannolini e le sue scarpe senza lacci nei prati per addormentarsi tra gli alberi e trascorrere lì le sue giornate. La sua sete di indipendenza ci ha contati tante notti insonni, alla ricerca dei suoi biberon e altri ciucci smarriti o caduti nell'oblio nei prati, è per dispetto che le sue grida finissero per far partire il serbatoio dell'olio per cercare sosia. il minimarket.

Ma se Clémentine non riconosceva l'odore del suo vero compagno, erano i brividi che venivano a percorrerci il corpo quando fuori ben oltre le aree di ricerca, potevamo sentire la sua angoscia che ci urlava di fermare il suo immenso dolore e lui. la sua bottiglia nella sua manina.

Di tanto in tanto finivano nella cuccia, le piaceva andarci ad addormentarsi, il povero animale poi le dava il posto, probabilmente preferiva vederla qui piuttosto che sentire le sue grida squarciarle le orecchie. Di notte, i suoni del suo succhiare dava emozioni più morbide.

Sospettavamo addirittura che il cane avesse voluto più volte seppellire l'origine dei suoi dolori nel giardino, come per fuggire definitivamente a tre metri sotto terra da questi rumorosi eventi.Mio padre preferiva aspettare il momento giusto per far assaporare dolcemente a Clémentine ogni momento e lascia che sia lei a fare il passaggio che la separava comunque dal suo unico compagno, la sua bottiglia.

Era una bambina sola, non parlava, a 5 anni più di lei non avevo sentito il suono della sua voce che in quei momenti, poche parole che cinguettava qua e là preferendo sicuramente la compagnia degli animali dei campi o il rombo dei motori che si ritorcono contro.

Clémentine passava le sue giornate passeggiando per i prati, con lei mi piaceva fare braccialetti di fiori, giocavamo insieme a prendere quante più piccole margherite possibile per unirle al centro dei petali, seduto nell'erba fresca, mi sdraio con lei i miei occhi al cielo le nostre giornate erano bellissime.

Danielle per il suo pretesto che le ricerche notturne per trovare le bottiglie l'hanno esaurita a tal punto che si è rifiutata di alzarsi la mattina per andare a scuola, senza contare sulla tenacia di mio padre armato della sua rapida minaccia di colpirla natiche se le fosse capitato di fingere di tornare a letto.

Più sottile di quanto pensasse, Danielle rimasta sola con la sua vecchia borsa, finalmente decisa a non affrontare il rondone, si avventurò lungo i tre chilometri a piedi che la separavano dalla scuola.

Mio padre gli concedeva una certa temerarietà ed era con orgoglio che si congratulava con se stesso per tanto coraggio, fino al giorno in cui l'ansiosa amante lo convocò per avere notizie di Danielle, il cui posto vuoto in classe riempiva tutti lo spazio.

Il manico di legno del rondone, è quasi l'unica cosa che è rimasta della frusta dopo che le strisce una ad una si sono lacerate sotto i colpi dell'intensità della sculacciata che Danielle ha ricevuto quando mio padre ha notato le sue bugie, per settimane saltando la scuola.

Si nascondeva poco distante da casa in un argine cespuglioso in attesa della fine della giornata, poi mi ha spiegato che un cane le bloccava la strada ogni mattina, in preda al panico è scappata di nuovo, sperando che i nostri genitori non percepissero in lei la debolezza del suo temperamento.

Anche mia madre, stanca per la malattia, aveva bisogno di un po 'di tregua, e fu in una di quelle notti di espettorato in cui i violenti attacchi di tosse la tenevano sveglia che sentì urla dalla nostra stanza che era sveglia.

I topi grattavano rumorosamente la notte ed è vero che ogni mattina ne trovavo sempre uno morto nel mio letto.

Eppure non mi muovevo, come i topi venivano da me ogni notte anche i miei piedi erano uniti ogni mattina stringendo molto forte tra ciascuna delle mie dita perfettamente allineate una lama di rasoio, senza mai tagliarmi i piedi, la mia postura di statua congelò il mio corpo come un mamma così ho dormito ogni notte.

Fino a quella notte in cui la mamma sentì dei rumori, finalmente una mattina alla fine dei miei nervi, esausto da diverse notti agitate, decisi finalmente di spiegare a mio padre l'aspetto dei topi secchi sotto il mio cuscino e le sue lame di rasoio che viaggiavano dal suo portachiavi barba e le dita dei piedi alla fine del mio letto.

Mi perseguitava sempre di più, non capivo perché dovessi sopportare ancora questi orribili momenti tra i sussurri di Danielle e quelli di René, il mio sonno non aveva più sogni da fabbricare.

Quando i miei genitori chiesero a Danielle cosa stesse succedendo di notte, il suo resoconto la portò in collegio per quasi un anno lontano da persone per le quali mio padre lavorava spesso, assente per un po 'per trovare un'apparente calma.

Va detto che ripetute bugie e altri misfatti con le forbici divennero per Danielle come un'espressione regolare di pratiche singolari a cui era abituata.

Per farmi dormire un po 'e aiutare mia madre a riposare, sono andato al campo estivo con il migliore amico di mio padre, Philippe aveva diversi figli e con sua moglie si incontravano spesso in un campo in una tenda per apprezzare la vita oltre che nel comfort di una casa.

L'enuresi di cui il figlio mi accusava e le zuppe di

granchio servite dalla mattina alla sera mi hanno tolto l'appetito, è emaciato che finisco per mendicare sui gradini delle scale del campeggio ad ogni passante una stanza un franco per telefonare "tété", la vicina portoghese di nome "Thérèse" che ci aveva fatto conoscere il suo numero a memoria nel caso ci fossimo persi lontano da casa.

Era la prima volta che vedevo le gambe di mio padre da così in alto, il mio sguardo perso nell'acciottolato non lo aveva catturato e quando mi è arrivato vicino sui gradini delle scale, ha fatto passi larghi, snelli, senza vedere che nel larghi pantaloni di velluto bucati nascondevano la figlia affamata e singhiozzante, fredda, l'otite che si era impossessata delle mie orecchie mascherava i suoi appelli.

Alla fine della notte, con le dita arrossate affondate in fondo alle tasche, appese dietro la sua motocicletta, abbiamo percorso i chilometri per trovare mia madre che mi aspettava all'angolo del camino con un impiastro bollente.

I giorni seguenti René non andò più a smanettare e quando Danielle tornò dopo il suo anno di esilio in un'altra famiglia, lontana da casa, il suo carattere si fece più distante. È stata divorata dall'interno, più gentile e quasi affettuosa, mi chiedevo se questo cambiamento sarebbe diventato permanente.

Le sculacciate raggruppate iniziarono a calmarci,

mio ??padre non voleva più identificare la natura degli errori commessi e in tutta imparzialità aveva deciso di sviluppare la punizione confezionata, per chiudere le fila dei suoi figli.

Stavo correndo che cercavo di raggiungere Danielle che dopo una lite in mezzo ai campi si precipitò da papà per denunciare la mia colpa e per paura di farci litigare, mi affrettai a impedirle di restare sospesa sui miei passi vitello un filo spinato che allungava la mia pelle per farne uscire un pezzo di carne e sangue che penzolava.

Pensando che Danielle sarebbe venuta ad avvertirlo dell'incidente, mio padre è venuto di corsa a vedermi tenendo la mia carne lacerata sul lato del mio polpaccio da cui usciva sangue, i punti che il dottore mi ha messo sono stati altrettanto dolorosi, se solo io potevo bere un po 'di canone, questo pensiero mi stava aiutando ad accelerare la mia guarigione. Non ho potuto fare a meno di provare simpatia per queste rane che sono state arpionate con un uncino a forma di tridente, il bastone all'estremità del quale abbiamo agganciato un filo di nylon agitando lo straccio sulla superficie del laghetto. mio padre ci ha portato a vedere le budella degli insetti che si muovevano.

Una volta pescato, li ha stesi sul ciottolo, la lingua penzolava dal collo e quasi non ha avuto le vertigini, il tronco è stato tagliato per mantenere le cosce nell'acqua salata, è stato solo dopo pochi secondi che ha rimosso la pelle dalle loro cosce e li lasciava sballottati senza cadavere nella mensa fuori.

Dopo alcune mutilazioni e amputazioni siamo finiti a cuocerlo in padella e abbiamo assaporato la loro carne carnosa e raffinata, proprio come il mio vitello che sembrava prestarsi altrettanto al confronto di un pezzo di fetta che finisce allo spiedo.

Fu solo dopo questo doloroso episodio che smisi di pescare, preferendo fare il mercante per comprare falsa frutta, con i miei zoccoli di gomma rossa e il mio vestito giallo, le trecce ben fatte, andai al villaggio per scambiare qualche moneta la bottiglie a rendere che la mamma mi ha chiesto di riportare.

Col tempo sono diventato sempre più responsabile in casa, certi compiti mi sono stati affidati e insegnati con rigore, come la disciplina della cucina tra due dolci frittate che la mamma preparava per Clémentine a colazione.

Mi ha reso un piccolo soldato coraggioso per affrontare gli anni a venire, immagino che sentisse che il suo tempo stava arrivando e desiderò che con Danielle potessi sopportare i lunghi viaggi a scuola indipendentemente dalle emozioni.

In inverno abbiamo dovuto affrontare le tempeste di neve e le dune che coprivano il sentiero, eravamo partiti per la scuola ma cadevano i fiocchi di neve così tanto che non si vedeva più davvero la differenza tra i campi e il cielo, ho visto a malapena Danielle a a un metro da me, è sprofondata negli argini innevati non riuscendo più a distinguere il cappotto, ho gridato di rivederla.

Quando un braccio immenso mi ha sollevato per estrarmi da lì, sono stato sepolto all'altezza del mio cappuccio quando ho visto la testa di mio padre che mi ha subito aiutato, Danielle era già tornata a casa e non aveva più freddo, ricordo di essermi chiesto quanto tempo Stavo cercando di andare avanti.

Era spesso a casa, tutti i muratori non lavoravano per il freddo, con mia madre che tossiva tutto il tempo, le giornate sembravano molto lunghe da occupare, fortunatamente ci stavamo preparando per l'arrivo al college che ci emozionava solo al pensiero esso, per i miei genitori è stato un vero orgoglio, il successo di un'istruzione ben applicata.

I lavori a nostra disposizione erano tutti più ambiziosi che folli, il sogno di fare il pompiere per salvare tutti i bambini, ci pensavo spesso, Danielle voleva fare l'avvocato per perorare la causa degli innocenti e Clémentine non lo facevamo davvero sapere, poeta o umanitario a causa del suo carattere gentile.

Che piacere prendere l'autobus alla fine della strada, si fermava ogni mattina, Danielle lo tardava sempre, era sempre in ritardo quindi l'autista faceva comunque un punto. Ero seduto in fondo all'autobus per non starle vicino, non piaceva davvero a nessuno, vestita con abiti neri per abbinare l'oscurità dei suoi capelli e la profondità dei suoi occhi che la dicevano lunga sul suo rifiuto di adattarsi.

Le persone non le si avvicinavano, inoltre, non sorrideva mai come per affermare il suo rifiuto, rimandandomi ogni volta la differenza di aspetto con la mia gioia di ridere a crepapelle per condividere le mie giornate con i bambini divertiti a vederla così.

Le sciocchezze erano legate al college dove mi sentivo completamente liberato per compiere alcuni misfatti rapidamente calmati da mio padre quando chiamato alla "ricreazione" arrivò davanti a tutta la classe per ricordarmi che era lui a comandare.

Quella mattina, quando il preside entrò in classe, tutti si voltarono verso di me prima che fosse annunciato il mio nome, inevitabilmente mi ero abituato al mio comportamento e alle mie azioni alle interruzioni delle lezioni.

Danielle mi aspettava nell'ingresso con mio padre davanti a sé con uno sguardo gelido, il suo viso sembrava annunciare un cattivo presagio.

Eppure fui felice di vederlo persuaso che sarebbe

venuto a dirmi che mia madre aveva accettato di essere ricoverata in casa il suono dell'Italia riecheggiava ripetutamente in casa il giorno prima, lei ascoltava "Umberto Tozzi" in fondo al letto, Sul giradischi di casa suonava in loop la sua canzone preferita "Ti Amo" e durante il ritornello respirava nel suo Ventolin l'aria che le liberava il petto prima di riaddormentarsi sotto i suoi malanni.

Il giradischi non ha mai più suonato la sua melodia preferita, la mattina di questo gennaio prima di partire per la scuola i suoi attacchi di tosse erano così forti che Danielle è scappata a cercare la vicina e rendendosi conto della gravità della situazione si è affrettata ad accompagnare Clémentine a scuola, ordinata anche lei. noi per prendere l'autobus.

In questo preciso momento oggi so che nessun dottore è venuto, pensando che la mamma non avrebbe voluto i farmaci.

Il suo petto vuoto non permetteva al suo cuore di riprendere a battere e ad abbassare le braccia, la poca energia che conservava le permetteva di sussurrare a "titou" per prendersi cura di noi.

In ginocchio crollò, crollò tra le sue braccia, mandando in frantumi la nostra casa in un dolore inconsolabile che divenne quotidiano.

Al suo funerale, le associazioni di beneficenza del villaggio hanno proposto a mio padre di farsi carico delle spese di sepoltura, senza un franco in tasca, ha accettato l'aiuto da tutte le parti spezzato, eravamo combattuti al suo fianco.

Clémentine chiedeva spesso perché se ne fosse andata, non dormiva la notte fino al giorno in cui mio padre si accovacciò in lacrime con lei e dall'alto dei suoi sei anni, guardando verso il cielo, le spiegò che d'ora in poi lei no aveva più tempo da mamma.

La promessa di smettere di piangere è stata accettata da noi tre in cambio del suo sostegno ed eravamo determinati ad affrontare il nostro dolore.

Per diversi anni ho preso una cassa per andare in bicicletta a fare la spesa della settimana al supermercato, Danielle si è rifiutata di andare e Clémentine, che era troppo piccola, aveva provato una volta con me ma la sua bici correva in discesa facendola cadere con la labbro strappato dalla maniglia, le avevo detto di tornare su senza piangere per entrare.

A tutti i costi dovevamo restare uniti e non fermarci per strada, andare sempre avanti per resistere quotidianamente alla durezza della situazione, mio ??padre sotto pressione era perseguitato da persone malintenzionate che volevano metterci in una casa.

Le nostre condizioni di vita piuttosto rudimentali richiedevano che il lavoro dei servizi sociali ritirasse la procedura di sfratto dalla casa.

Suo fratello si era offerto volontario con il notaio per acquistare la nostra capanna ed è stato grazie al suo capo che il mio padre prioritario l'ha comprata.

Col passare del tempo, la vecchia stanza piena di vestiti è diventata un bagno e tutti i vestiti extra sono stati depositati in un pozzo di fango che ha inghiottito questa parte della nostra vita.

Lungi dall'immaginare che la spesa in bicicletta con la mia vecchia cassa si sarebbe trasformata un giorno in una Peugeot, è stato su un motorino che ho conosciuto il mio primo amante che mi ha fatto brillare gli occhi con il suo furgone quando siamo andati al minimarket.

Per più di dodici anni ci siamo divertiti fino al mio incidente dove in una sera di tempesta e vento forte ho mancato la curva, sbandando nel campo, da solo al volante della mia macchina urtando diversi pali di cemento che la mia macchina ti atterra sulla schiena.

Senza un graffio, solo un taglio, ho continuato il mio avanzamento fermato dalla malattia del mio principe azzurro ricoverato in psichiatria dopo diversi disturbi della mente.

Fu dopo la mia delusione che tornai a casa da questo papà vedovo che si sentiva molto solo ma felice di essere vicino alle sue figlie che erano cresciute. Danielle era andata a Parigi dove mio padre trovava alloggio presso persone pure con cui lavorava di tanto in tanto e anche Clémentine tornava tra due amori per riposare nel suo vecchio letto.

La casa era diventata come un rifugio non appena ne abbiamo sentito il bisogno, siamo venuti a vedere mio padre impegnato in giardino, va detto che spendeva energie per tirare erbacce e altre ortiche, anche lui aveva provato una seconda vita con un donna più giovane che lo aveva reso infelice, di loro non restava altro che il ricordo di un bambino, un figlio di cui era appena nato, lei lo aveva lasciato velocemente preferendo la compagnia di un buon whisky e del suo ex marito.

Dopo aver supplicato per anni di avere la possibilità di crescere suo figlio, rassegnato le dimissioni aveva tracciato la linea sull'argomento. Prendendosi il tempo di fumare i suoi due pacchetti di "zingari" si addormentava in fondo alla tavola alla fine della giornata, stremato dal fiato pigro di una vita a ritmo frenetico.

Quando il medico gli ha ordinato di portare a termine gli esami, non ha voluto lasciarsi ingannare spiegando che questi buoni a nulla inventavano sempre le malattie e che nei momenti importanti erano assenti gli abbonati, riferendosi a mia madre morta a 36 anni ... senza che il dottore venga a dargli una mano. Mio padre 30 anni dopo non cambiò idea, il mio nuovo compagno che si sottoponeva spesso agli esami lo confortò su questo terreno.

I molteplici colpi di cui manteneva sequele dopo gli attacchi non arrivavano a un trattamento, difficilmente con sedativi poi regolarmente in alternativa terapeutica ingeriva sostanze psichedeliche per dimenticare le sue idee nei sogni pittorici.

Anche il mio cane in quel momento è sfuggito alla follia quando le sue crisi epilettiche lo hanno scosso per tutta la notte, tremendi sussulti che lo hanno fatto decollare da terra come un bambino si è spaventato che muoveva le sue ossa in tutte le direzioni, solo iniezioni anali sotto gardenal mi ha aiutato ad alleviarlo temporaneamente.

Lo amavamo così tanto che le sue sofferenze ci devastavano giorno e notte, anche noi, senza poter fare nulla, uomo e cane trascinavamo quotidianamente questo dolore, ogni mattina sapevo benissimo che il povero animale non avrebbe resistito più a lungo shock così violenti e incessanti.

Quando il veterinario lo punse, tra le mie mani quella mattina, si mise la testa, senza fiato dal ritmo frenetico di ripetute crisi, non riusciva a respirare, questo colosso di 70 chili con il garrese alla corporatura di un orso, ha dato il suo ultimo respiro della vita con uno sguardo ha detto "grazie". Devastato dalla sua malattia, il mio ex marito ha deciso di aumentare le sue sostanze per colmare questa assenza nella nostra vita, si è rifugiato nel whisky perdendo il lavoro e gli amici.

Spaventato dalla sua rabbia violenta, è stato in giardino con mio padre che ho trascorso la maggior parte del tempo, immaginando la vita più semplicemente senza incidenti.

L'intero piano della nostra vecchia baracca sembrava uno chalet e le mie cose hanno rapidamente riempito ciascuno di questi spazi, tre ampie camere da letto a mia disposizione per riposarmi finalmente dalle mie emozioni e condividere giornate da solo con mio padre.

Il lavoro ha scandito la mia quotidianità e ogni mattina gareggiavo con le sue nuove "Pétrolette" per arrivare primo in paese, io al volante della mia macchina mi assicuravo di un passo piccolo per dargli il tempo di arrivare davanti all'incrocio .

Mio padre passava davanti a me ed è così che ci salutavamo ogni mattina prima di separarci a turno nella direzione delle nostre occupazioni, lavorava ancora per le persone, facendo alcune stranezze per compensare la sua noia.

Quando ha esalato l'ultimo respiro, è stato in presenza della sua piccola figlia che si è addormentato, cadendo tra le mie braccia, anche il suo cuore si è fermato, privato del sangue da un coagulo che è arrivato così velocemente che in una frazione di secondo è crollato su i ciottoli, nonostante i miei sforzi disperati non sono riuscito a rianimarlo.

Interminabili minuti di pompaggio dei suoi polmoni mentre soffiava in bocca, non riuscivo a ravvivare il colore dei suoi occhi che lasciavano a dirmi addio sotto la sua pelle gelida il freddo sul suo viso si congelò, mio ??padre era appena morto e la nostra famiglia sarebbe morta con lui.

I miei genitori sono morti nello stesso posto, Clémentine lo aveva nominato nonno ed è quello di cui era più orgoglioso, Danielle ha rinunciato a coprire le spese del funerale.

In quel momento non mi ero accorto che la sua vittoria era stata interpretata dall'esumazione di nostra madre che aveva chiesto di mettere nel caveau, senza assistere a questo crepacuore, lasciando noi Clémentine e io a sopportare tutto ciò.

Sulla vendita della casa, il notaio ha proceduto alla distribuzione, il fratellastro ha preso la sua parte da Avignone senza muoversi, ha fatto tutto per interposto notaio, Clémentine ha immediatamente investito la somma per mettere un tetto sulla testa dei suoi figli. l'unico guardiano adesso. Per non sentire il rumore spettrale del "serbatoio dell'olio", ho cambiato regione come se la distanza mi guarisse più velocemente.

La mia mente sapeva come trovare le uscite per superare le prove e sostenere la vita, ho dimenticato il mio passato nel bere baldoria.

A più di 1000 chilometri di distanza, di festa in festa, ho passato il mio tempo a dimenticare questa vita marcia.

Poi, due anni dopo, per occupare il mio tempo e guadagnare un po 'di soldi, lavoravo in una profumeria come commessa e mi piaceva abbastanza bene.

Un uomo è passato di tanto in tanto nella mia vita senza affetto mi ha maltrattato senza preoccuparsi dei miei sentimenti, ha usato la mia gentilezza contro piccoli servizi e altri doni, ha approfittato delle mie debolezze per soddisfare i suoi capricci, senza alcun obiettivo specifico. tutto solo perso nella mia vita.

La pandemia del 2020 ha fermato il mondo ma ha risvegliato in me il ricordo di una fiala di etere posta all'ingresso di un negozio su uno scaffale.

Questa bottiglia blu posta lì davanti ai miei occhi, conteneva gel per lavarmi le mani, mi ha strappato la testa per rivelare davanti a me il volto di un uomo sopra il mio letto che mostrava il suo pene di notte.

Per settimane, René ha giocherellato con Danielle la sera nella nostra stanza, si è avvicinato di soppiatto per premere il suo asciugamano sulla mia bocca rivelando il suo "cazzo" che Danielle ha dovuto afferrare per strofinargli contro e con un fazzoletto nell'altra mano immerso nella formalina lui mi ha impedito di respirare, mi ha premuto il quadrato di etere sul naso che mi ha fatto girare la testa all'improvviso e mi ha steso senza vita, tutto molle e alla sua mercé.

Danielle si è così sacrificata ogni notte in modo che non mi introducesse il suo "pene" indurito, il mio corpicino a 4 anni era già stato toccato, Danielle aveva solo 6 anni eppure in lei ho visto solo quella che mi ha maltrattato tutto il tempo durante tutto questo tempo, il suo comportamento mi ha salvato dagli incessanti stupri che ha subito costantemente.

Le lamette nelle dita dei piedi mi ricordavano di non muovermi se l'etere non funzionava più, l'assenza di topi morti concludeva il mio atteggiamento esemplare, quello di tacere.

Quando mia madre sentì le grida quella famosa notte, fu i suoi pantaloni abbassati che vide, penetrare Danielle con le dita, con l'altra mano si masturbò senza avere il tempo di afferrare il suo asciugamano, lei gli diede una botta che lo fece correre.

Pochi giorni dopo, quando mio padre trovò sua madre per confrontarsi con la situazione, gli abitanti del villaggio notarono la sua scomparsa, il fucile del padre defunto, abbandonato sul ciglio di un sentiero, poggiava ai piedi di René, che fu trovato con un proiettile nella sua il corpo, la testa, la cartuccia del fucile avevano fatto sparire tutte le espressioni sulla sua fronte.

Altri bambini erano stati toccati e nessuno lo aveva denunciato fino a questo evento eppure molti genitori hanno sentito delle storie ma non volevano crederci.

Le fiale di etanolo e altre bottiglie di etere scomparvero definitivamente dagli scaffali del minimarket.

La pressione del giudizio da parte delle persone alla notizia di questo toccante ha macchiato l'onore dei genitori, per non parlare dello sguardo dei bambini la cui reputazione questa maledizione ha offuscato. In ogni casa a volte ci sono strofinacci sporchi e lavare i panni sporchi con la famiglia ne è una dimostrazione.

La mente mette in moto meccanismi di autopersuasione per sopportare determinate situazioni, per accettare l'inaccettabile e considerare l'impensabile, la memoria permette anche la sopravvivenza e sepolture che saranno indubbiamente più facili da sopportare quando sarà il momento..

A 50 anni ormai non ho mai avuto figli, niente più genitori, niente nonni con cui condividere le mie storie, è per la continuità della vita che imprimo qui le mie emozioni e dedico a tutti loro la prefazione. troverò nel profondo di loro il coraggio di avanzare sull'unica verità che è, la chiave dei campi quella che ho preso e che mi porta dolcemente verso il Paradiso in fondo al mio cuore di bimbo guarito.

Per concludere, condivido le mie emozioni con coloro che hanno sofferto la loro vita fino al giorno in cui finalmente perdoniamo noi stessi e il nostro defunto per continuare sul nostro cammino e finalmente apprezzare questa vita. Alla mia cara mamma che ringrazio tanto per avermi dato la vita, ti libero con questa storia, puoi riposare in pace lontano dai rimproveri che ti ho fatto, non ti biasimo più per averti lasciato, il sentimento di abbandono che ho sentito di vivere la mia vita, immagino sia per questo che non ho avuto figli, pensando a lungo che li avrei lasciati anche io.

Penso alle mie due nonne che non potevano vedere crescere i loro nipoti, non te lo tengo più contro Immagino che tu avessi un tuo limite, quelli imposti da un'epoca, da non detti, solo ai nostri nonni hanno nascosto i loro sentimenti forse non sapevano come fare diversamente.

Danielle ha provato a lungo ad adottare bambini perché il suo corpo contuso non le ha mai permesso di impiantarsi, persa in più religioni, penso che sia ancora alla ricerca di risposte alle sue domande, non ho scelto di tenerla nella mia vita.

Clémentine ha concentrato tutte le sue energie sull'educazione delle sue due figlie, perpetuando la tradizione dei valori profondi del lavoro fornito, siamo insieme nel nostro viaggio di vita.

A te mio papà, l'uomo della mia vita, ci ami l'ho sempre saputo anche se non lo dicevi. Nessuno nella tua vita ti ha espresso cosa fosse, quel sentimento che devi aver canalizzato quando dovevi prenderti cura di tre bambini a tempo pieno da solo.

L'istruzione che non hai mai ricevuto, l'abbiamo imparato come ci hai detto, "la libertà non ha prezzo" "impara da solo non so come aiutarti"

Quindi grazie il nostro "Pe" come ci piaceva chiamarti, è con te che abbiamo imparato ad amare, a piangere, a condividere le nostre gioie e le nostre preoccupazioni, tu eri più che un Padre, sei diventata nostra Madre.

Hai fatto quello che potevi per costruirci un rifugio durante i nostri anni di alluvione, dalle risate fino alle lacrime ci hai resi donne. Hai adorato "Johnny" "Vivere per il meglio" è essere "Ricco per non conservare niente, che Amore." Spero che tu ascolti i nostri pensieri e senta la dolcezza della nostra gratitudine, che vedi invecchiare le tue figlie e su piccole figlie ben oltre gli occhi, nei nostri cuori siete le più preziose.

Appunti:
La condizione umana è definita come "le caratteristiche, i principali eventi e le situazioni che costituiscono gli elementi essenziali dell'esistenza umana, come la nascita, la crescita, la capacità di provare emozioni o formare aspirazioni, conflitti, mortalità". fonte: https://fr.wikipedia.org/wiki/Condition_humaine

"Lo stupro è l'atto mediante il quale una persona è costretta a compiere un atto sessuale (il più delle volte un rapporto sessuale) con la forza, la sorpresa, la minaccia, l'astuzia o, più in generale, l'assenza di consenso. 21 ° secolo, lo stupro costituisce un crimine nella maggior parte della legislazione; L'impostura o la frode costituiscono generalmente, così come la violenza, un elemento di apprezzamento dello stupro ... ... sulla dimensione violenta dell'atto e per includere qualsiasi forma di contatto sessuale indesiderato. In Francia, il criminale deve affrontare una pena che va da 15 anni di reclusione fino all'ergastolo (ad esempio in caso di recidiva o se lo stupro è accompagnato da tortura). "Fonte: https://fr.wikipedia.org/wiki/Viol

www.ingramcontent.com/pod-product-compliance
Lightning Source LLC
Chambersburg PA
CBHW050044260726
48658CB00005B/1761